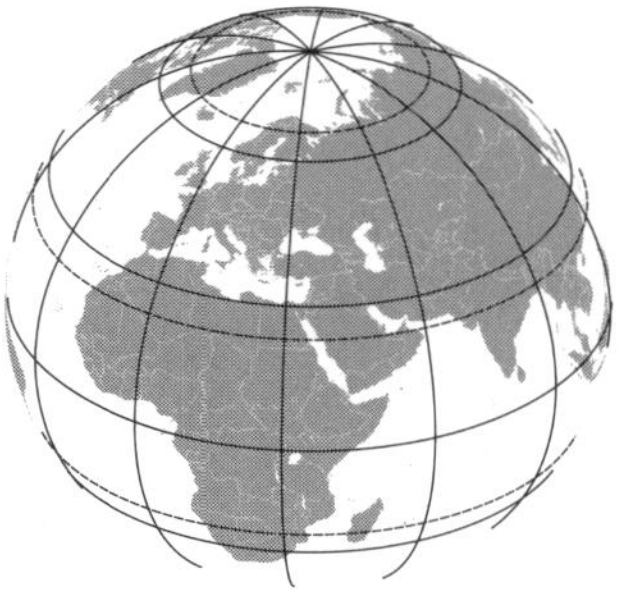

Akira Ikegami, How To See the World

池上彰の世界の見方

中東

混迷の本当の理由

小学館

中東
Middle East

メッカ　預言者ムハンマドの生誕地
メディナ　ムハンマドが亡くなった地
エルサレム　ユダヤ教、キリスト教、イスラム教の聖地

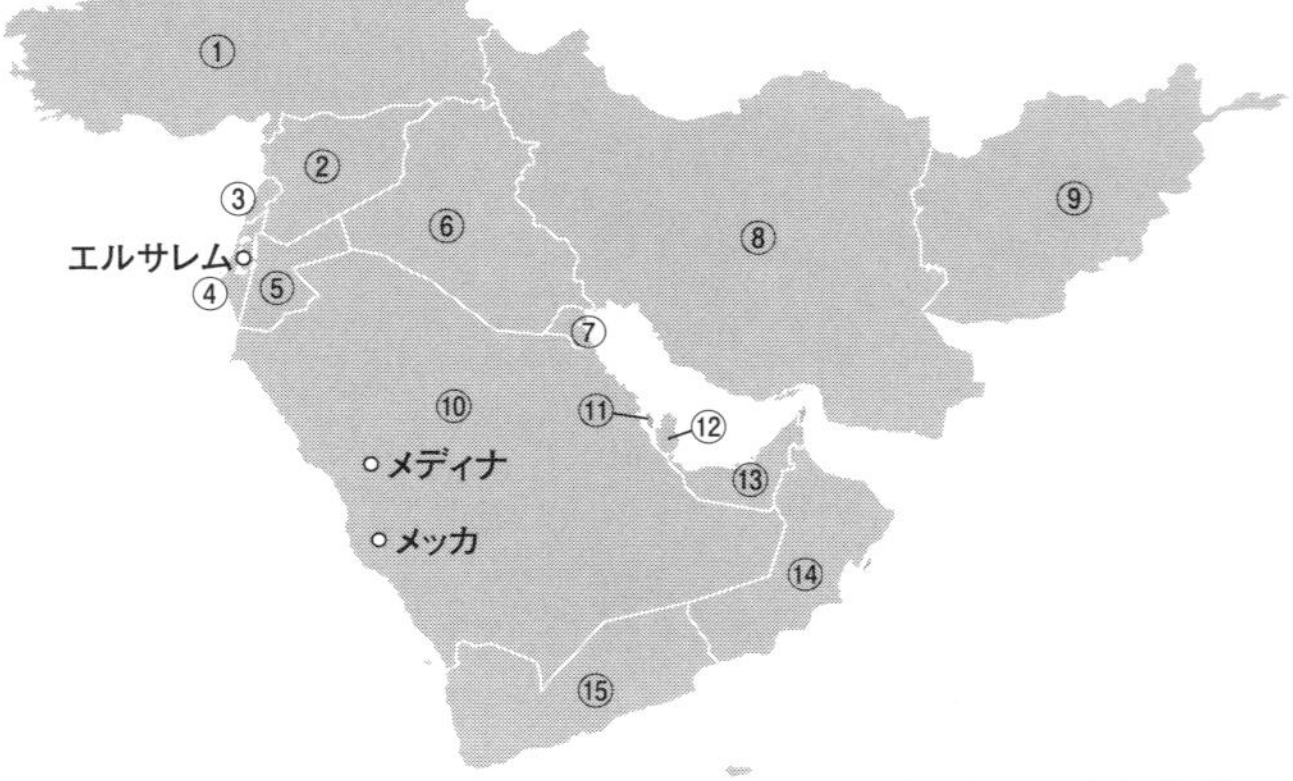

① トルコ共和国
② シリア・アラブ共和国
③ レバノン共和国
④ イスラエル国（およびパレスチナ）
⑤ ヨルダン・ハシェミット王国
⑥ イラク共和国
⑦ クウェート国
⑧ イラン・イスラム共和国
⑨ アフガニスタン・イスラム共和国
⑩ サウジアラビア王国
⑪ バーレーン王国
⑫ カタール国
⑬ アラブ首長国連邦
⑭ オマーン国
⑮ イエメン共和国

基礎データ（中東全体）

面積	695万2962平方キロメートル（日本の約18倍）
人口	3億4520万8053人
宗教	イスラム教徒80%、キリスト教徒10%、ユダヤ教徒5%、仏教徒5%
政体	大半の国が共和制。ほか君主制、首長制

出典：外務省ホームページ、ピュー・リサーチセンターのデータをもとに編集部が作成（数字は概算）

はじめに

世界各地でイスラム過激派のテロが相次いでいます。爆発物の入手が容易な中東では爆弾テロが、銃を入手しやすいアメリカでは銃の乱射が、爆発物や銃の入手が厳しくなってきたヨーロッパでは、自動車を暴走させて人の列に突っ込むというかたちのテロが起きます。

こうしたニュースを見聞きするたびに、「イスラムは怖い」というイメージを持つ人も多いことでしょう。実は、これが過激派の手口なのです。

過激なテロが続くと、「イスラムは怖い」という偏見が広まり、一般のイスラム教徒に対する差別や抑圧が高まる可能性があります。すると、一般のイスラム教徒の中に「なんで我々ばかり差別されるのだ」という不満が高まるでしょう。

そういう不満を持った人たちに、過激派は「欧米のキリスト教社会は我々を滅ぼそうとしている。奴らは敵だ。聖なる戦いに立ち上がろう。聖なる戦いで死ねば天国に行けるのだ」とささやきます。

こうして過激派を育てる土壌が広がっていくのです。

「テロ」とは「恐怖」という意味。相手に恐怖を与えることで自分たちに有利な状況をつくり出すことです。ということは、「イスラムは怖い」と思ってしまうことが、テロに屈することになるのです。

2017年5月にイギリス・マンチェスターのコンサートホールで起きた爆弾テロ事件では、事件の現場に大勢の人々が集まり、亡くなった人たちを偲びました。ここにスカーフを髪に巻いたイスラム教徒の女性たちの姿もありました。イスラム教徒もテロを許さない。そんな姿勢を見せていました。

過激派は、なぜあのような行動に出るのでしょうか。そこには、彼らなりの極端なイスラム解釈があります。イスラムとは、そもそも「神にすべてを委ねて、心の安心を得る」という意味があります。神様の言うことを聞いていれば、死んでもやがて復活し、天国に行くことができる。これが基本的な考え方です。

人が生きている間に天使が人の行動を観察。よい行いと悪い行いを記録します。世界の終わりが来て、人々が神様の前に引き出されると、天使の記録が持ち出され、秤《はかり》にかけられます。よい行いのほうが多ければ天国に、悪い行いのほうが多ければ、地獄に落ちる。

この考え方があるので、イスラム教徒たちは「悪いことをしてはいけない」と考えます。これにより、イスラム世界での生き方のモラルが生まれるのです。

ところが、それを「戦争のモラル」に転換させ、過激な行動に出る人もいるのです。中東といっても、どこでも紛争やテロが起きているわけではありません。中東に深夜に到着し、ホテルに宿泊すると、翌朝、モスクから流れるアザーンの響きに目が覚めることがあります。

「アザーン」とは、モスクで礼拝をするようにという呼びかけのことです。静かな朝の街に朗々と響くアザーン。ああ、イスラム圏に来たとしみじみ思います。

イスラム教徒の祈りの場であるモスク。信者しか入れない場所もありますが、私たち海外からの異教徒でも受け入れてくれるところも多いのです。中に入ると、小さな子どもたちが走り回っていたり、大人が昼寝していたりと、そこには日常があります。

外は灼熱の暑さでも、モスクを吹き抜ける風は爽やかです。熱心に『コーラン』を声に出して読んでいる若者の姿もあります。

この様子を見る時、私はイスラムの平和を感じるのです。

神に熱心に祈りを捧げる人々。この姿を見るたびに、宗教の持つパワーを感じます。宗教は強い力を持つのです。

本来平和を求める宗教のはずのイスラムが、なぜマイナスのイメージで見られるのか。それは、中東には、土地や資源をめぐる争いがあるからです。なぜ争いが起きるのか。それを知ると、問題は宗教の違いではないのだということがわかるはずです。

そこで、まずは中東とイスラムの基礎・基本から見ていくことにしましょう。

本書のシリーズは、中学生あるいは高校生を対象に、私が「世界の見方」を授業し、その内容を本にまとめています。

今回は、帰国子女などが多い東京都立国際高校のみなさんに協力をいただき、授業をしました。いろいろなバックグラウンドを持つ生徒たちは、どのような反応を示したのか。そこも含めてお読みください。

２０１７年７月

ジャーナリスト・名城大学教授・東京工業大学特命教授　池上　彰

目次

池上彰の世界の見方　中東

混迷の本当の理由

第3章 「地理・民族・歴史」から見る中東

第4章 「イスラム教」から見る中東

第1章
「混乱の始まり」から見る中東

誰が自称「イスラム国」（ＩＳ）を生んだのか？

世界の多くの人を悩ませている大きな問題のひとつに、多発するテロや紛争があります。今のところ平和な日本にいる私たちには、なかなか実感することが難しいかもしれません。しかし、法務省の公安調査庁が世界のテロ発生状況をウェブサイトで公開しているので、見てください。世界各地で日常的にテロや戦争が起こっている。その発生件数の多さに驚くはずです（地図①）。

たとえば、フランスのシャルリー・エブドという新聞社が襲われた事件（２０１５年１月）やパリ中心部のレストランや劇場、郊外の競技場での発砲・自爆による同時多発テロ（２０１５年11月）、ドイツのベルリンでクリスマスのマーケットにトラックが突っ込んだ事件（２０１６年12月）、イギリスのマンチェスターのコンサート会場での爆発事件（２０１７年５月）などは、日本でも大きく報道されたので、記憶に生々しく残っているのではないでしょうか。

Qでは、最初の質問です。今あげたテロのいくつかに関わっているとされて

いる過激派組織があります。知っていますか？

――「イスラム国」です。

そうですね。ＩＳ（イスラミック・ステート）、自称「イスラム国」ですよね。実は世界中には、自称「イスラム国」以外にもさまざまなテロリスト集団がいて、頻繁に事件を起こしているのですが、なかでも特に過激な手段で世界中を相手にテロを仕掛けてきたのが自称「イスラム国」なのです。

――どうしてわざわざ自称「イスラム国」と呼ぶのですか？

いい質問ですね。彼らは「国」を名乗っていますが、世界は彼らの組織を国だと認めていない、ということなんです。では、なぜ彼らは「イスラム国」であると名乗っているの

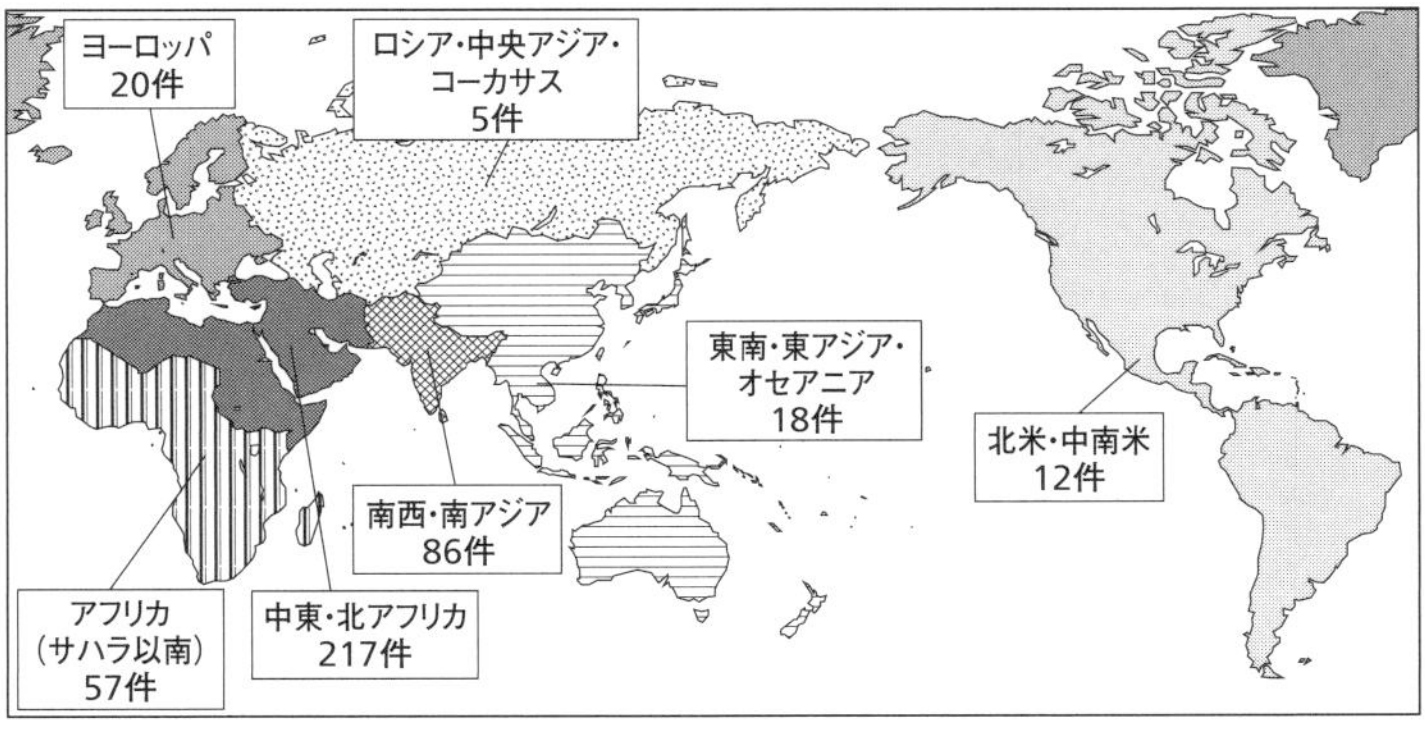

地図①―世界のテロ発生状況｜出典：公安調査庁HPの情報をもとに編集部で作成
2015年6月から2017年3月まで（22か月）の地域ごとのテロ発生件数。総数は415件なので、1日に1件以上、世界のどこかでテロが起きていることになります。中東・北アフリカの件数が桁違いに多く、この地域の国々の不安定な情勢がテロ発生につながっている様子がわかります。

か。それは、自分たちが考えるイスラム教の国家をつくろうとしているからです。このあと自称「イスラム国」はなぜ生まれたのか？　イスラム教とはどういう宗教なのか？　なぜ、テロを起こすのか？　そういった問題をさまざまな視点から解説していきましょう。

イスラム教の啓典といえば、『コーラン』。今世界史の授業だと、なるべく原語表記に忠実にという方針で『クルアーン』と習いますね。一方、新聞などのメディアでは、『コーラン』と表記されています。『クルアーン』と『コーラン』、いったいどちらが正しいのかとエジプトでイスラム教徒に聞いたら、どっちでもいいですと言われました（笑）。この授業では、便宜上『コーラン』と呼ぶことにしましょう。

キリスト教やユダヤ教の聖書は、日本では一般的に聖典あるいは教典と呼ばれます。これはあなたたちにも耳馴染みのある言葉だと思います。イスラム教では、『コーラン』のことは啓典と呼ばれます。啓典というのは、イスラム教の創始者である預言者ムハンマドが神様から聞いたとされる言葉、つまり神の啓示をすべて書き記したものであるという意味なんです。

そこにはあまり具体性のない言葉もたくさん載っていて、さまざまな解釈が可能なのです。『コーラン』を平和な啓典として読む人もいれば、自称「イスラム国」のメンバーのように極端に過激な思想として捉える者たちもいるということです。

自称「イスラム国」が支配する地域は、イラクとシリアにまたがっていました。

2015年にはシリアの内戦を取材していた日本人ジャーナリストの後藤健二さんが彼らによって殺害されました。後藤さんとは、中東各地を一緒に取材したこともあり、私も大きな衝撃を受けました。絶対に許すことはできません。自称「イスラム国」とは何なのか？なぜ生まれたのか？　これから世界と交流していくあなたたちのような若者たちに、ちゃんと伝えておかなくてはいけないと考えています。

私は常々、世界を知り、社会を知るためには歴史を学ぶべきだと言ってきました。歴史は年号や人名を暗記するものではありません。小さな出来事にも、大きな出来事にも、必ず因果関係があります。どこかの国で起きた事件が、回りまわってまったく違う国に影響を及ぼすこともある。特に、今回のテーマとなる「中東」は、世界に翻弄され続けた歴史を持っています。自称「イスラム国」の本当の姿も、歴史を読み解くことで見えてくるはずです。

自称「イスラム国」を生み出すことになった原因を探っていくと、第二次世界大戦までさかのぼります。ピンとこないかもしれませんが、歴史には必ず因果関係があるんですね。

アフガニスタンにソ連が侵攻してきた

Q 第二次世界大戦で、最も多くの犠牲者を出した国はどこでしょう？

——敗戦国である、日本かドイツでしょうか。

　敗戦国側と思いがちですが、実は戦勝国側のソ連なのです。現在のロシア連邦、当時のソビエト社会主義共和国連邦。意外でしょう？　ソ連では、ドイツの侵略を受けて２７００万人もの人が死んでいるんですね。日本の戦死者は、約３００万人。桁《けた》が違うでしょう。ソ連は、そのトラウマから国境の向こう側に自分たちの味方になる国を置いておかないと安心できなくなってしまったのです。

　第二次世界大戦後、ソ連を中心とする社会主義の国とアメリカを中心とする資本主義の国が互いに牽制《けんせい》し合う、東西冷戦の時代がやってきます。

　東ドイツ、ポーランド、チェコスロバキア、ハンガリー、ブルガリア、ルーマニアなど東ヨーロッパ諸国は、すべてソ連の言うことを聞く国になりました。ソ連にしてみれば、もし西ドイツやフランスやイギリスが攻めてきても、まずは東ヨーロッパが戦場になる。ソ連が直接攻撃されることはない。その間に、応戦する準備を整えることができる。東ヨーロッパという緩衝《かんしょう》地帯を置くことが、第二次世界大戦後のソ連の一大戦略になるわけです（地図②）。

　中東の話からは脱線しますが、朝鮮半島にも北朝鮮という国があることによって、ソ連は韓国と隣り合わせにならないですむ。もし北朝鮮が崩壊したら、国境の向こうはアメリカ軍の駐留する韓国になってしまう。

　ロシアになった今も、同じです。戦後70年以上解決を見ないままでいる、日ロ間の北方領土問題。たとえば、歯舞《はぼまい》群島と色丹《しこたん》島を日本に返すことになったとします。この2島が日本の領土になると、ロシアにとってどういう状況になるか。日本とアメリカの間には、日米安全保障条約があります。ロシアと日本の間に何か問題が起こったら、北方領土にア

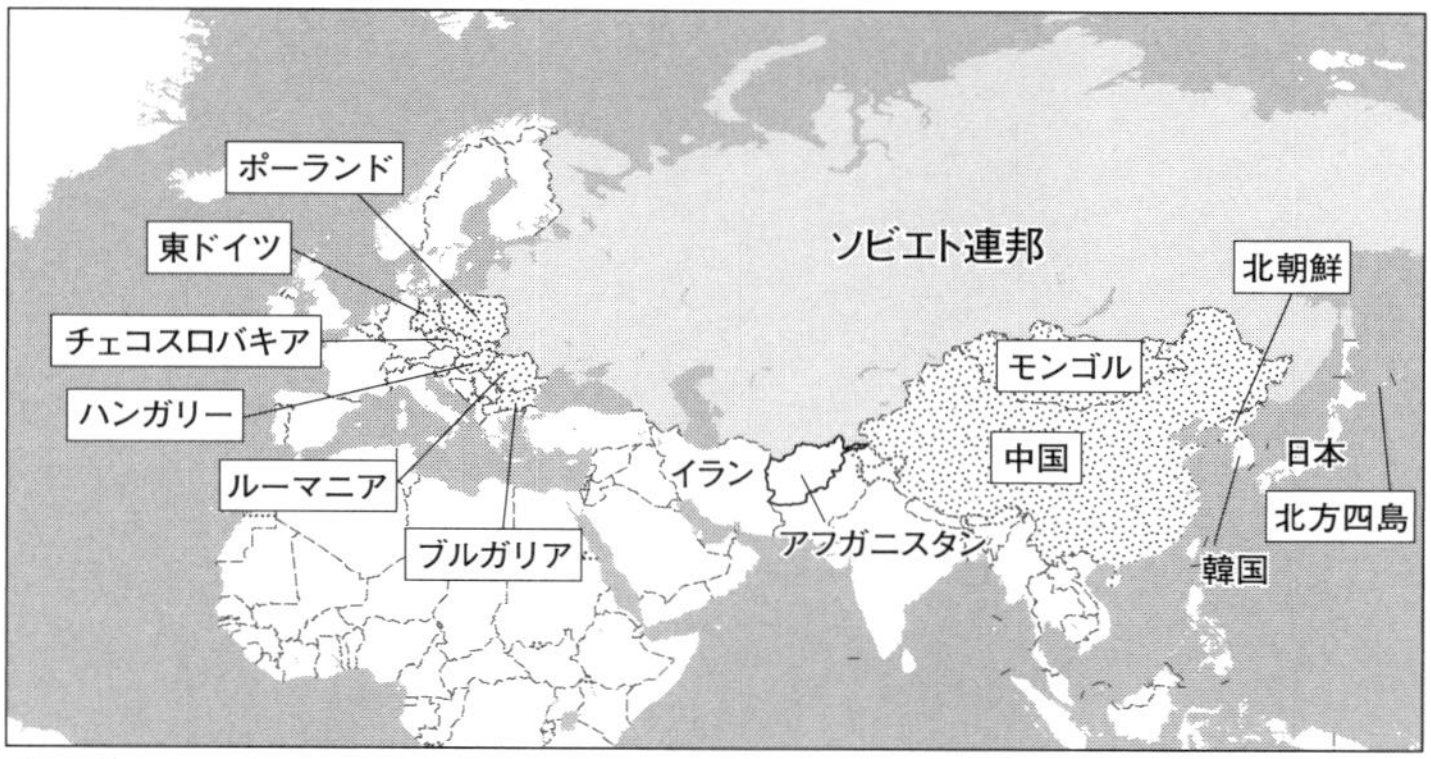

地図②—東西冷戦時代のソ連と周辺国
ソ連は隣接する地域を次々と東陣営に引き入れ、緩衝地帯としていきました。

メリカ軍が出て来る。ロシアには、それが悪夢なんです。ロシアが北朝鮮という国を存続させせようとしているのも、北方領土を返そうとしないのには、国境を接するところに敵対する国を置きたくないという戦略上の理由もあるんですね。

話はソ連の時代に戻ります。東西冷戦時代、現在のカザフスタン、ウズベキスタン、トルクメニスタンなどは、まだソ連の一部でした。アフガニスタンはソ連と国境を接する国だったのです。その隣にはソ連に対して友好的とはいえないイランがありました。

アフガニスタンは、イスラム教の王国でしたが軍事力が弱く、ソ連にとってはまったく脅威を感じる必要のない国でした。緩衝地帯として放置しておいても問題がなかったのです。ところが、アフガニスタン国内でクーデターが何度も起き、次々と政権が変わるようになります。

そうなるとソ連も危機感を抱き始め、アフガニスタンを自分の影響下に置こうと考えるんですね。そこでアフガニスタンの大統領がソ連に「国内が混乱しているので助けてほしい」と要請してきた、助けを求められたから助けることにしたという理屈で、１９７９年12月、ソ連の大軍がアフガニスタンに攻め込んだのです。

アフガニスタンの首都カブールまで行き、まず何をやったかというと、その大統領を殺害してしまったのです。本当に助けてくれと言われたのなら、殺すわけはない。つまりロ実だったということですね。そしてソ連の言うことを聞く政権をでっちあげ、アフガニスタンを統治します。このソ連のアフガニスタン侵攻から現在の中東イスラム諸国の混乱が始まったのです。

Q 1980年、モスクワでオリンピックが開催されることになっていました。ソ連のアフガニスタン侵攻は、オリンピックにどんな影響を与えたのでしょう？

――日本やアメリカがオリンピックをボイコットしたと、両親から話を聞いたことがあります。

そのとおりです。アメリカのカーター大統領は、アフガニスタンに攻め込んだ国で開催されるオリンピックには参加すべきではないと言って、世界中にボイコットを呼びかけたのです。その結果、日本を含む67か国がボイコットをしました。オリンピックに出場すればメダル間違いなしといわれていた選手たちが、悔し涙を流している姿がテレビでも報じられました。

「ジハード」の意味は「イスラムの教えを守る努力」

ソ連によって占領されたアフガニスタンはどうなったかというと、ソ連支配に猛反発する人たちと支持する人たちの抗争が激化し、内戦状態に陥ります。

アフガニスタンはイスラム教の国です。そこに攻め込んできたソ連は社会主義国家。社会主義は、基本的に宗教を否定する考え方です。イスラム教徒から見れば、神様を信じないとんでもない連中が自分たちの国に攻め込んできたことになります。

イスラム教徒にとって、イスラムの土地を守るために戦うことは「ジハード」として認められています。ソ連に反感を持つイスラム教徒たちは、武器を取って戦うようになります。彼らは、「ジハードを遂行する者たち」という意味のイスラム聖戦士「ムジャヒディン」と呼ばれます。

アフガニスタンの周辺には多くのイスラム教の国があります。同じイスラム教徒が、ソ連軍と戦っている。助けなければならないと、サウジアラビアを中心とした国々から武器を手にした若者たちがアフガニスタンに入ってきました。中東のイスラム圏から集まった武装したムジャヒディンたちとアフガニスタンを支配しようとするソ連軍との内戦が続きます。

――先ほど池上先生は、イスラム教徒でも、自称「イスラム国」のように過激な考え方を持っているのは一部の人だとおっしゃいましたが、アフガニスタンのイスラム教徒たちも好戦的な人たちに思えてきます。

「ジハード」という側面だけを見ると、イスラム教は好戦的な宗教だと思ってしまう人もいるかもしれませんね。

「ジハード」は、日本語では「聖戦」と訳されることが多いのですが、本来の意味は「イスラムの教えを守る努力」という意味です。たとえば、一日5回のお祈りも、ラマダンと呼ばれる断食も、それを実行しようとする努力はイスラム教徒にとってはジハードになります。一所懸命守ろうと努力すればジハードです。

アフガニスタンや周辺のイスラム諸国から集まったムジャヒディンたちも、最初はイスラムの教えを守り、イスラムの土地を守るための純粋なジハードだと思っていたことでしょう。

しかし、その後アメリカの介入によって、事態はさらに悪いほうに進みます。当時は東西冷戦時代です。アメリカとソ連は世界を二分してにらみ合っていました。

戦争にはお金がかかります。このままアフガニスタンの内戦が泥沼化することは、ソ連にとっては好ましくない状況です。そこでアメリカは、アフガニスタンの内戦でソ連の弱体化を図ろうという戦略を立てたのです。アメリカは、ムジャヒディンたちに対して武器や資金を送り込んで支援をしようと考えました。

Qところが、アメリカにとって困ったことがありました。さてそれはどんなことでしょう？　地図をよく見て考えれば、わかると思いますよ。

——アメリカからアフガニスタンはすごく遠いです。輸送にお金がかかりすぎたとか……。

なるほど、確かに地球半周ほどの距離がありますね。でも、距離が問題だったわけではないのですね。アフガニスタンと周辺諸国との位置関係に注目してみましょう。

——アフガニスタンは、パキスタンやイランなどの国に囲まれています。

そうなんです。アフガニスタンは四方を他国に囲まれた内陸の国。アメリカが直接アフガニスタンに支援物資を送り込むルートがないわけです。北にはソ連、西にはイランがあります。イランは反米国家で、アメリカと敵対しています。とすると、海路を通ってパキスタンの港に陸揚げするしか手段はありません。パキスタンとアメリカの関係は良好でした。いわゆる親米国家です。

そこでアメリカはパキスタンに莫大な資金や兵器を送り込むために、パキスタン軍統合

図表①—**ソ連のアフガニスタン侵攻をめぐる構図**

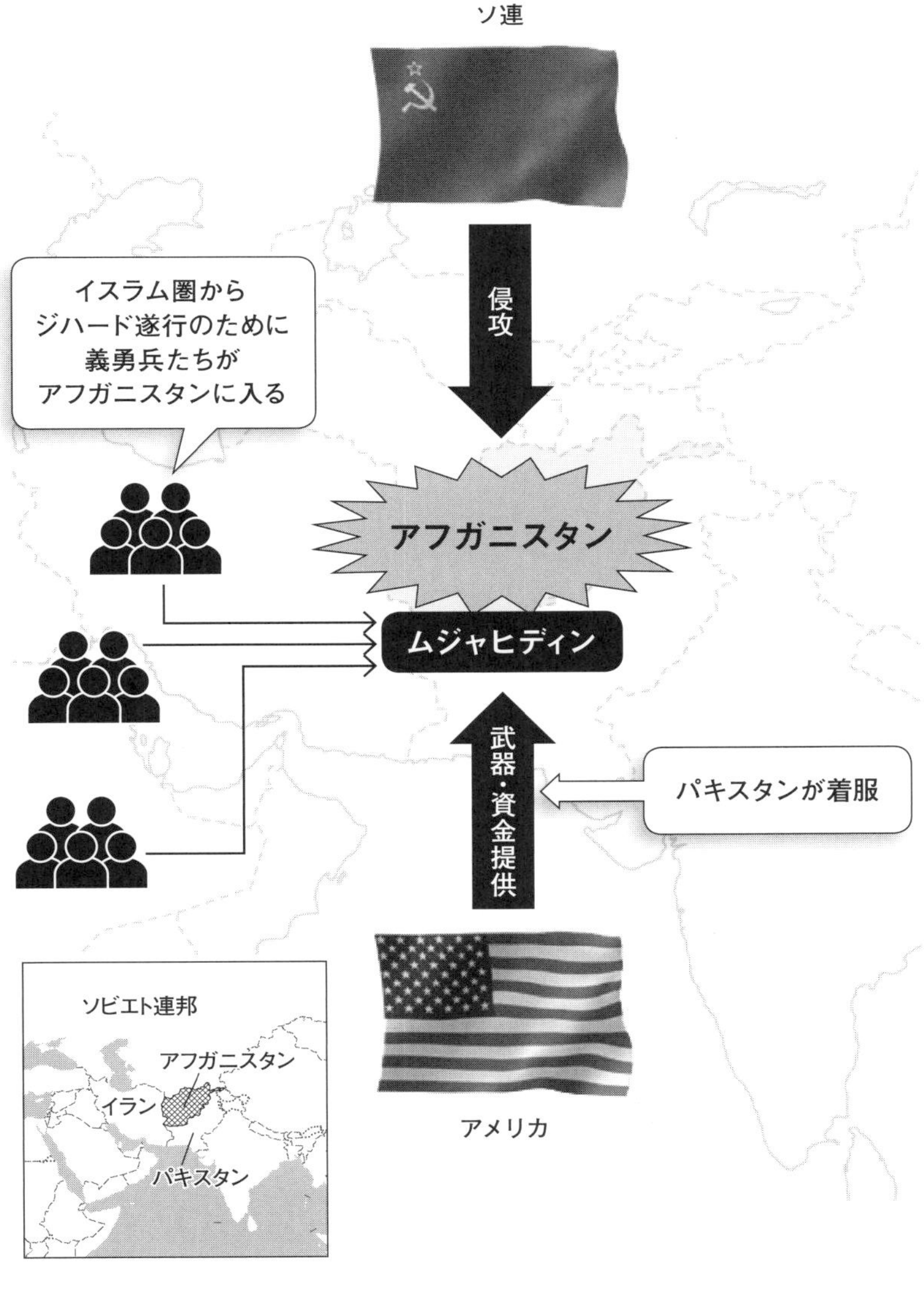

情報局（ＩＳＩ）という軍のスパイ組織に協力を要請します。アメリカはＣＩＡ（アメリカ中央情報局）からこのスパイ組織に武器を渡し、極秘裏に国境を越え、アフガニスタンのムジャヒディンのもとに届けてもらうという方法を取りました。

――パキスタンのスパイ組織は、何の見返りも求めなかったんですか？

いいところに気がつきましたね。パキスタン軍統合情報局にしても、いくら親米国家だからといってアメリカ軍の手足になって動くというようなことは考えにくい。

実は、アメリカが持ち込んだ武器や資金のかなりの部分を着服したのです。これによってパキスタン軍統合情報局は、潤沢な資金と大量の武器を得ることになります（p25図表①）。

アメリカ軍からどんな武器が渡ったのか。有名なものでは、スティンガーミサイルという非常に扱いの簡単な地対空ミサイルがあります。

ソ連軍はハインドヘリコプターという空飛ぶ戦車とも形容される強大なヘリコプターで、アフガニスタンの砂漠や山岳地帯に潜むムジャヒディンを攻撃していました。地上から銃で撃っても全部はね返してしまう装甲車のようなヘリコプターに、ムジャヒディンはまったく太刀打ちができなかった。

そこで、アメリカがムジャヒディンに供与したのが、スティンガーミサイルです。肩に担げるほどのコンパクトな兵器で、ソ連軍のヘリコプターが遠くに見えたらその方向に向けてスイッチを押す。発射されたミサイルはソ連軍のヘリコプターのエンジンから出る熱を感知して、自動的に追尾して撃墜する。CIAはパキスタン軍統合情報局を通して、素人でも簡単に扱える武器を大量にムジャヒディンに供与します。スティンガーミサイルによってソ連軍のヘリコプターが次々に撃墜され、形勢が逆転します。

結局、ソ連軍はぼろぼろになって撤退します。

Q アフガニスタン侵攻では、ソ連はもうひとつ大きなダメージを受けました。それが何かわかる人？

――？？？

これはちょっと難しかったかな。ソ連軍が戦っているとはいえ、これはアフガニスタンの内戦です。敵も味方もアフガニスタン人。ソ連の兵士にとっては、誰が敵で、誰が味方かわからない。味方のエリアだと安心していたら、突然襲撃されるということが繰り返されます。ソ連の兵士たちの中に、恐怖心が募りました。

アフガニスタンでは、麻薬の材料になる芥子《けし》が大量に栽培されています。ソ連軍の兵士たちは戦争の恐怖心を紛らわそうとして、麻薬に手を出しました。アフガニスタンから撤退した時、大量の麻薬中毒患者がそのままソ連に戻っていくことになりました。

現在のロシアでは、麻薬が大きな問題になっています。その原因をたどれば、アフガニスタン侵攻にあったのです。この戦いで大勢のソ連兵士たちが死にました。しかも戦争には莫大な費用がかかります。結果として、アフガニスタンに侵攻したことによって、ソ連の国力がどんどん弱くなり、やがてソ連崩壊への大きな要因になったとされています。

この時アメリカは、「アフガニスタンを第二のベトナムにしてやろう」と号令をかけていました。どういうことか?

1960年代から70年代にかけて、アメリカが傀儡《かいらい》国家をつくっていた南ベトナムと、南ベトナム国内で活動し、ソ連や中国が支援する南ベトナム解放民族戦線とは内戦状態でした。アメリカは苦戦を強いられ、兵士たちはジャングルの中でいつ襲ってくるかわからない敵の恐怖と戦っていました。恐怖のあまり、錯乱状態になるものもいたといわれています。

実はアメリカもベトナム戦争で、アフガニスタンにおけるソ連軍兵士と同じように大勢の麻薬中毒患者を抱える悪夢を経験していたのです。アメリカで麻薬が蔓延《まんえん》する直接のきっかけは、ベトナム戦争でした。

最終的にアメリカは敗れ、ベトナムから撤退します。つまり、ベトナムでアメリカが味わった屈辱を、アフガニスタンで味わわせてやろう。「ベトナムの復讐をアフガニスタンで」

という気持ちがあったのです。

この戦争では、アメリカにとって皮肉なことが起こります。先ほど周辺のイスラム諸国から、大勢の戦闘員たちがムジャヒディンを救おうとアフガニスタンに集まったと言いました。その中に、オサマ・ビンラディンというサウジアラビア出身の男がいたのです。

Q オサマ・ビンラディンという名前は、君たちも聞いたことがあるよね。

――アメリカ同時多発テロを起こした首謀者です。

2001年9月11日、世界中を震撼《しんかん》させたアメリカ同時多発テロを起こしたオサマ・ビンラディン。彼は、サウジアラビアの大金持ちの御曹司《おんぞうし》でした。ムジャヒディンを援護するために大金を持ってアフガニスタンに入ります。そしてムジャヒディンと一緒に、ソ連軍と戦っていたんです。

ソ連と戦っているオサマ・ビンラディンをアメリカが支援していた。あとになってみれば、そういう皮肉な出来事が起こっていたということです。

この時に、サウジアラビアだけではなく、イスラム圏のさまざまなところから大勢の若者たちがムジャヒディンに合流するために、アフガニスタンにやって来ました。彼らがどこからやって来たどういう人なのか、名簿をつくって管理しようということになります。

オサマ・ビンラディンは、その名簿づくりに携わっていました。この名簿づくりの組織は、やがて「アルカイダ」と呼ばれるようになります。アルカイダはアラビア語です。英語に訳すと、the baseつまり「基地」という意味です。

アルカイダは、オサマ・ビンラディンがサウジアラビアや周辺のイスラム圏から集まって来たムジャヒディンの若者たちの名簿づくりをする基地だったのです。これが、やがて、反米テロネットワークへと発展していきます。反米テロネットワークのリーダーであるオサマ・ビンラディンという怪物をつくり出したのは、実はアメリカのＣＩＡだったのです。

パキスタンのスパイ組織がタリバンをつくった

１９８９年に、ソ連軍はアフガニスタンから撤退し、やがてソ連は崩壊します。そもそもアメリカはアフガニスタンに関心があったわけではありません。冷戦時代のライバルであるソ連に対して敵意をむき出しにしていただけです。アメリカは、急激にアフガニスタンに対する関心を失います。

周辺の国からアフガニスタンに応援に来ていたムジャヒディンたちは、みんな自分たちの役割は終わったと、それぞれの国に帰っていきます。

もともとアフガニスタンにいたムジャヒディンだけが残りました。ソ連という共通の敵がいなくなった途端、アフガニスタンの国内で内戦が始まります。

アフガニスタンには、さまざまな民族が暮らしていました。いちばん多いのはパシュトゥン人。ほかにもタジク人、ウズベク人、ハザラ人などという民族がいます。この四つの主要民族による主導権争いが激化していきます。アメリカは内戦に関与することはありませんでした。

結局、世界から見捨てられたかたちで、アフガニスタンでは内戦が延々と続いていくことになります。その内戦を利用しようとしたのが、パキスタンです。

パキスタンは、国境地帯であるカシミール地方の領有権をめぐって、インドと対立していて、頻繁に戦争をしています。その戦争で、パキスタンは敗北を繰り返していました。パキスタンにとって、自国の背後に位置するアフガニスタンの内戦は脅威でした。もしアフガニスタンにインド寄りの政権ができたら、パキスタンは挟み撃ちになってしまう。でもそこにパキスタンの言うことを聞く政権ができれば、インドと安心して戦争ができます。

ここでアメリカとアフガニスタンの仲介役を務めていたスパイ組織であるパキスタン軍統合情報局が再び登場します。パキスタン軍統合情報局には、アメリカからちょろまかした潤沢な資金や大量の武器がありました。これを使ってアフガニスタンの内戦に介入し、自分たちの言うことを聞く組織をつくろうと考えたのです。

ソ連の侵攻以来内戦が続いているアフガニスタンでは、そこから逃れようと大勢の難民が発生。パキスタンには、多数の難民キャンプができていました。そこでパキスタンの中でもイスラム原理主義の過激な思想を持っている人たちが、難民キャンプの子どもたちを教育しようと考え、たくさんの神学校をつくりました。極端に偏った過激な思想教育を行ったのです。

パキスタン軍統合情報局は、イスラム過激派の思想に染まった神学校の学生たちを使って、アフガニスタンを支配させようと考えます。神学校に通っていた学生たちに最新の武器を与えて、アフガニスタンに送り込みました。これがタリバンの始まりです。タリバンはもともと「学生たち」という意味。神学校の学生た

図表②―**アルカイダとタリバン**

アルカイダ	項目	タリバン
1988年8月	設立時期	1994年11月
オサマ・ビンラディン	指導者	ムハンマド・オマル
ムジャヒディン志願者を集め訓練・育成をする目的で結成	組織起源	アフガニスタンの内戦を鎮圧するため、イスラム過激派の学生たちが武器を手にする
アラビア語で「基地」	組織名の意味	アラビア語で「学生たち」

ちが集まった組織なのです（図表②）。

最新兵器を持っているタリバンは、あっという間にアフガニスタンの内戦を制圧。タリバン政権が誕生しました。アフガニスタンの大半がタリバン政権に支配されることになったのです。

タリバンはイスラム過激派の思想に染まった神学校の学生たちです。非常に極端な考え方を持っています。アフガニスタンで、イスラム原理主義に基づいた統治を始めました。住民にとっては、まさに恐怖政治です。

たとえば、イスラム教において女性は大切にしないといけない存在です。だから家庭の中において保護しなければならない。女性が外で働くなんてとんでもないことだと、女性たちは全員仕事を奪われて、家庭に閉じ込められました。女性が学校に通うのもよくないことだと、女子教育はすべて廃止されました。

さらに女性たちは、家族以外の男性に顔を見せてはいけないと、全身すべてを覆い隠す「ブルカ」と呼ばれる服を着ることが義務づけられました。女性が素敵な顔を見せていたら、男性たちが惑わされて神様のことを考えなくなってしまう。女性の美しいところはすべて隠しておかないといけないという理由です。

女性がひとりで外を歩くと、どんな危険があるかわからない。家族の男性と一緒でなければ外出することが認められません。結婚前の男女の交際は禁止され、結婚も親同士が決めた相手とします。女性はブルカを着たままですから、男性は結婚するまで相手がどんな顔の人なのかわかりません。

Qその結果、何が起きたのか。たとえば、タリバンの女性が病気になった時のことを想像してみてください。

――家族以外の男性に姿を見せることができないから、男性のお医者さんに診療してもらうことができません。しかも、女性は働いちゃだめだから、女性の看護師や医者もいない。女性の患者は満足な治療が受けられなくなります！

信じられないでしょうが、そのとおりのことが起きたのです。女性を守っているのではなくて、虐待になってしまいますよね。女性が病気を治療してもらう時にはどうするのか？　夫あるいは父親の男性と一緒に病院へ行きます。医者と女性の間にはカーテンが引かれています。男性の医者に姿を見せることも、会話をすることもできません。親族の男性が間に入って、医者の質問を女性に取り次ぎ、女性の答えを医者に伝える。タリバンの病院では、こんな不思議な治療方法が繰り広げられていたのです。

――子どもを産む時は、もっと大変ですね……。

そうなんです。臨月になって子どもが産まれそうになった時にも、夫を通して先ほどの治療と同じようなやり取りが繰り返されます。でも、いざ出産となったら、さあ、誰が立ち会うのでしょう?

そうなって初めてタリバンの幹部たちも、女医さんや女性の看護師がいないと不都合が起こることに気づきました。医療の現場だけは、女性が働くことが認められます。しかし、そもそも女性は学校に通えません。女医さんや看護師さんを養成することもできない。将来的に、今いる女医さんや看護師さんがいなくなったら、どうするのか。ばかげているとしか思えないようなことが、実際に行われていたのです。

さらに天国へ行けばいくらでも楽しいこと

図表③―**タリバン政権の恐怖政治**

イスラム原理主義に基づく、厳罰体制

- 音楽、映画などの娯楽の禁止
- 罪人を生き埋め、斬首するなどの公開処刑を執行
- 偶像崇拝を禁ずる教えに反するものは、異教のものでも破壊

抑圧的な、女性への規制

- 女子教育の廃止
- 就労禁止
- ブルカの着用
- ひとりでの外出禁止
- 自由恋愛・結婚禁止

があるのだからと、地上にいる間は一切の娯楽が禁止されました。映画館やレンタルビデオ店は閉鎖され、音楽も聴けなくなりました。音楽の入ったカセットテープはすべて没収され、廃棄されます。イスラム教徒なのだから『コーラン』さえ読んでいればいいのだという、とんでもなく極端な統治です。

タリバン政権は、公開処刑も行いました。イスラム教の休日である毎週金曜日、お昼の集団礼拝が終わったあとに、サッカー場に大勢の人々を集めて、タリバンにとっての犯罪者の裁判を行います。死刑判決が出たものは、その場で首を斬り落とされるのです。これがアフガニスタンのタリバン政権でした（p35図表③）。

――タリバン政権は人道的におかしいと、ほかの国から指摘されることはなかったのですか？

アフガニスタンに興味を持っているのはパキスタンだけ。アメリカをはじめほかの国々はまったく関心を失っていました。一方、サウジアラビアのようなイスラム原理主義と考え方の近い国はタリバン政権を承認しました。１９９５年頃からこんなひどい統治が行われていても、多くの人たちに知られることもなく、問題にされることもなかったのです。タリバン政権は、２００１年12月にアメリカの攻撃を受けて消滅するまで続きました（p51）。

イラクがクウェートに侵攻した

東西冷戦時代の世界は、アメリカを中心にした西側世界と、ソ連を中心とした東側世界が激しく対立をしていました。どこかでうっかり戦争が始まると、第三次世界大戦になるかもしれなかった。そこで、敵対はしていても戦争にならないように、無理やり抑え込んでいたんですね。ところが、１９８９年、崩壊寸前のソ連とアメリカがマルタで会議を開き、東西冷戦の終結を宣言します。

ここでしめたと思ったのが、イラクのフセイン大統領です。すぐ東隣にはクウェートというお金持ちの国があります。

Qクウェートは、なぜお金持ちなのか？あなたたちならすぐわかりますよね？

――石油がたくさん出る国だから。

そのとおりです。第一次世界大戦以前のオスマン帝国時代、クウェートはイラク南部の州でした。オスマン帝国が崩壊したあと、そこを占領したイギリスの勝手な都合で、イラクからクウェートだけを分離。小さなクウェートは自分たちのものだという気持ちがありました。イラクの人たちにとって、もともとクウェートは自分たちのものだという気持ちがありました。

イラクとクウェートの間には豊富な油田があります。当然イラク側でも石油は出ますが、クウェート側の油田も自分たちのものにしたい。フセイン大統領は、もうソ連の力がなくなった。アメリカもこっちのことには関心を示さない。今がチャンスだ、クウェートを占領し、自分の国にしてしまおうと、1990年クウェートへ攻め込んだのです。これが「湾岸危機」と呼ばれるものです。

これに対し、アメリカが抗議の声を上げます。当時のアメリカの大統領はジョージ・H・W・ブッシュ。息子のほうではなく、賢いパパ・ブッシュの時代です。

1991年、アメリカの主導のもとイラクを攻撃。イラクをクウェートから追い出しました。これが湾岸戦争です。

Q 今、「パパ・ブッシュが賢かった」と言った理由がわかるかな？

――？？？

ちょっと難しかったようですね。アメリカだけで攻めずに、多国籍軍を組んで戦ったからです。では、なぜ多国籍軍を組んだことが、よかったのか。それはキリスト教とイスラム教の長い対立の歴史を知らなければ、この判断の意味を理解することはできません。

アメリカの目的は、クウェートに侵攻したイラクを追い出すことです。イラクは、イスラム教の国です。アメリカは、キリスト教の国です。もし、キリスト教の国が攻め込むと、イスラム教の国から「現代版十字軍」だと非難を受ける危険性が高いのです。

十字軍とは、聖地エルサレムをイスラム教徒から取り戻すという大義名分によって、キリスト教徒が行った遠征のことです。11世紀末から200年近くにわたって、8回の遠征が行われました。しかし回数を重ねるごとに、十字軍はただイスラム教徒を攻撃し、略奪するだけの野蛮な暴徒のようになりました。

キリスト教側から見ると聖地奪還でも、イスラム教側から見ると許されざる侵略戦争だったのです。十字軍は、イスラム教徒にとってキリスト教徒への憎悪を増幅させるキーワードでもあるのです。

アメリカを中心としたキリスト教圏の欧米諸国がイラクに攻め込めば、まさに現代版十字軍。イスラム圏の国々は、反イラクでまとまることができません。パパ・ブッシュは、これを心配したのですね。

そこでどんな作戦を考えたかというと、クウェート周辺のほかのアラブ諸国に声をかけてアラブ連合軍をつくらせたのです。

イラクのやっていることは、許されることではありません。周辺のアラブ諸国も同じ思いです。欧米諸国とアラブ連合軍が一緒になって多国籍軍として攻め込み、みんなでクウェートからイラクを追い出そうとすれば、キリスト教国対イスラム教国の構図になる危険性はありません。

Q イラクのクウェート侵攻によって、自分の国も攻撃されるんじゃないかと危機感を募らせた国があります。これも地図（p229）を見ながら考えてください。

――シリアですか？

違います。ヒントをひとつ。イラクはクウェートの石油を狙っています。ということは……。

――サウジアラビアですね！

正解です。サウジアラビアは、イラクともクウェートとも国境を接しています。そこにイラクの大軍がやってきた。次は、自分たちの国を攻撃してくるのではないかと、サウジアラビアの国王が心配をして、アメリカに助けを求めたのです。

サウジアラビアとアメリカは、非常に長い間良好な関係が続いています。サウジアラビアといえば、当時は世界最大の産油国。アメリカはサウジアラビアから大量の石油を購入し、サウジアラビアはそのお金でアメリカから最新兵器を買い入れるという持ちつ持たれつの関係でした。

アメリカ同時多発テロの背景とは

サウジアラビアの要請に応えて、アメリカ軍はサウジアラビアに駐留することを決定します。イラクがサウジアラビアに攻め込まないようにアメリカ軍が砂漠の盾《たて》になって守る。これを「砂漠の盾作戦」と呼びました。

アメリカ軍がサウジアラビアに入ってくると、これに猛反発したのが、オサマ・ビンラ

図表④―**湾岸戦争の構図**

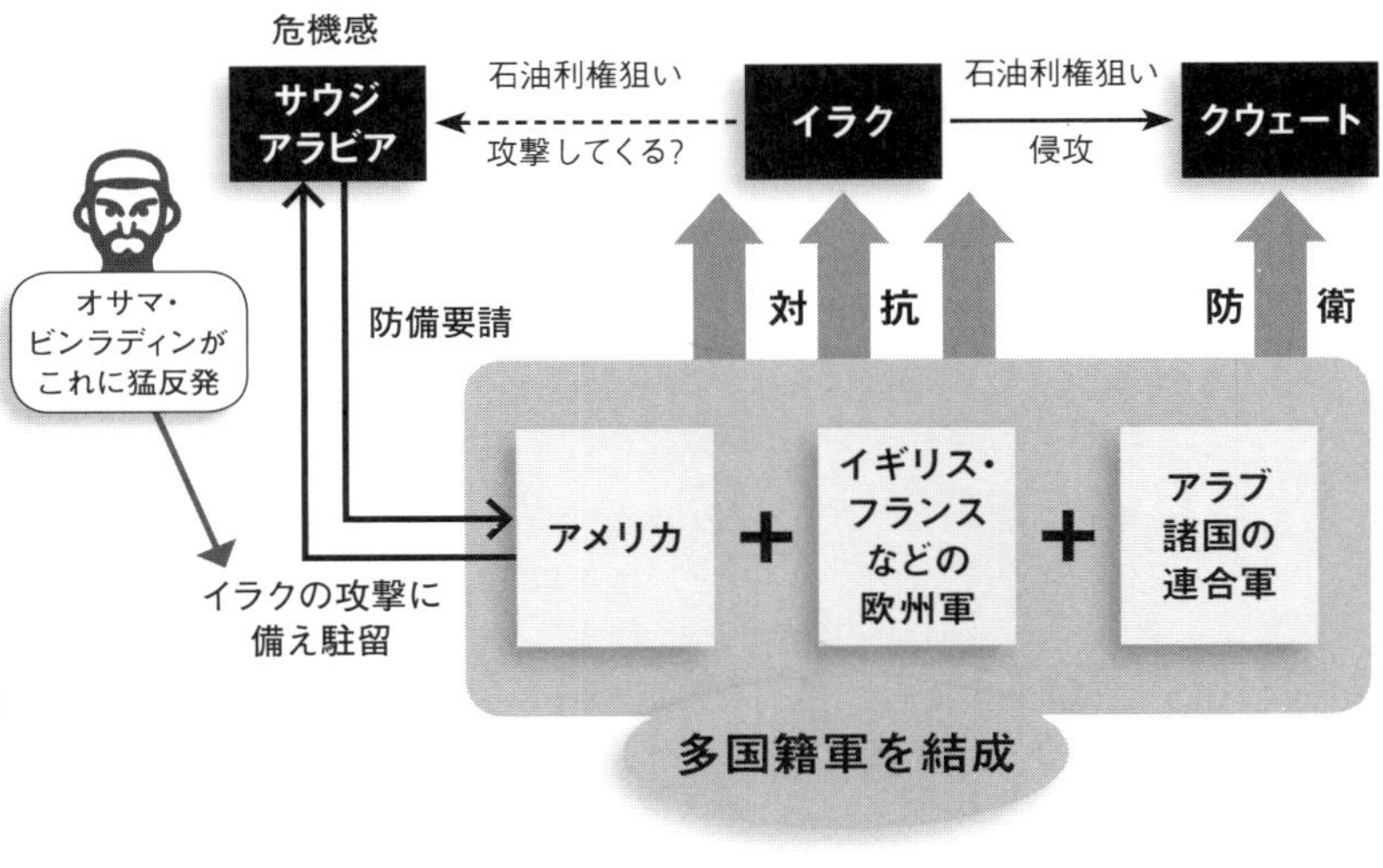

ディンです。彼はアフガニスタンでソ連軍と戦っていましたが、ソ連軍が撤退したのを機に、サウジアラビアに帰国していたのです。

イスラム教徒にとって、最も大切な聖地が3か所あって、エルサレム以外の2か所がサウジアラビアにあります（p2）。それが、メッカとメディナです。どうしてこの地が聖地なのか。第4章で詳しくお話しします（p139）。

イスラム教徒の聖地があるサウジアラビアに、アメリカ軍という異教徒が入ってくる。兵士は酒を飲むし、女性兵士は短パンで歩き回ります。オサマ・ビンラディンは、サウジアラビアの国王に対して、我々だけでイラクからの侵略に備えるから、アメリカ軍は呼ばないでくれと訴えます（p41図表④）。

しかしサウジアラビアの国王は、彼の仲間だけではとてもイラク軍に対抗することはできないと考え、アメリカ軍を呼び入れます。

オサマ・ビンラディンは、サウジサラビアの王家を猛烈に批判しました。サウジアラビアは、サウドという王家の独裁国家です。国王を批判したオサマ・ビンラディンは、国籍を剥奪され、サウジアラビアから追放されます。

オサマ・ビンラディンの一派は、アフリカのスーダンに逃げました。しかしアメリカがスーダン政府に圧力をかけたことで滞在できなくなり、かつて自分が戦っていたアフガニスタンに戻ります。

アフガニスタンには、タリバン政権ができていましたが、その中にもソ連を相手に一緒に戦っていた昔の仲間たちが残っていました。オサマ・ビンラディンは、客人としてタリバンにもてなされることになります。

タリバン政権の民族構成は、パシュトゥン人が主体です。パシュトゥン人には、もし旅する人が食べ物がなくなったり飲み水がなくなったりして助けを求めてきたら、それが誰であろうと一夜の宿を提供し、食べ物や水を与えなければならないという、昔からの伝統があるのです。さらに、助けを求めてきた人は、命をかけても助ける。それが「パシュトゥンの掟」です。

オサマ・ビンラディンは、イスラムの聖地を持つサウジアラビアにアメリカ軍が上陸したことに対して怒り狂っていました。アメリカをなんとしても叩き潰さなければならないという、黒い怨念を持ったままアフガニスタンにやって来たんですね。

オサマ・ビンラディンは、タリバン政権の庇護のもとでアメリカに対するテロを計画するようになります。アメリカと戦う国際テロ組織をつくろうと考えます。それがアルカイダです。アルカイダは、the base、基地という意味だと先ほども話しました。ソ連のアフガン侵攻の際は名簿づくりの基地でしたが、今度はアメリカと戦うための基地となったのです。

アフガニスタンの中にアルカイダの基地をつくり、そこで大勢の戦士を養成します。そして、オサマ・ビンラディンに命じられたアルカイダのメンバーが、２００１年9月11日、アメリカ国内で4機の飛行機を乗っ取って、同時多発テロを起こすのです。

オサマ・ビンラディンたちの目的は、アメリカへの復讐と制裁です。最も効果的な標的は何か。それが、アメリカの富のシンボルであるニューヨークの世界貿易センタービルだったのです。

飛行機を乗っ取って世界貿易センタービルに激突させる。想像を絶する自爆テロです。この方法がアメリカ人に最も大きな精神的ダメージを与えると考えたのです。

オサマ・ビンラディンは、アルカイダのメンバーをアメリカのパイロット養成学校に入れて、操縦を学ばせます。あとになってわかったことですが、乗っ取り犯たちはみんな飛行機を飛ばすことは一生懸命練習していたけれど、着陸なんかどうでもいいような態度だったということです。

最終的な標的はニューヨークの世界貿易センタービル、ここはツインタワーなので2機。そしてワシントンの国防総省（通称ペンタゴン）とアメリカ合衆国議事堂にそれぞれ１機ずつで、計4機の飛行機を乗っ取ることを計画します。１機につきテロリストは5人、計

図表⑤—9.11アメリカ同時多発テロとその後の推移 | 出典:共同通信社

●2001年9月11日

現地時間	発生状況	地図
午前 8時46分	アメリカン航空11便がニューヨークの世界貿易センタービル北棟に突入	❶
9時03分	ユナイテッド航空175便が世界貿易センタービル南棟に突入	❷
9時37分	アメリカン航空77便がワシントン郊外の国防総省に突入	❸
9時59分	世界貿易センタービル南棟が崩壊	
10時03分	ユナイテッド航空93便がペンシルベニア州のシャンクスビルに墜落(当初の標的は合衆国議事堂だったとされる)	❹
10時28分	世界貿易センタービル北棟が崩壊	

犠牲者数
判明分のみで、
3025人

●その後

2001年 10月7日	アメリカ・イギリス軍がアフガニスタンを攻撃開始
12月7日	アフガニスタンのタリバン政権崩壊
2003年 3月20日	イラク戦争開始
4月9日	バグダッドが陥落、フセイン政権崩壊
2004年 10月29日	アルカイダ指導者のオサマ・ビンラディンがアメリカ同時多発テロの関与を認める
2011年 5月2日	アメリカがビンラディンの殺害を発表
12月14日	オバマ大統領がイラク戦争終結宣言

写真①—ニューヨークの世界貿易センタービル跡地にできた追悼公園には、犠牲者の名前が刻まれている | 写真提供:AEC/PPS通信社

20人を送り込みました。途中でひとり捕まってしまい、残り19人で4か所の標的を狙ったのです。

ニューヨークの世界貿易センタービルに最初の1機が突っ込んだのは、日本時間の夜の10時前です。テレビ局が一斉に中継を始めました。

そして生中継の最中に、もう1棟のビルに飛行機が突っ込むという衝撃的な映像を私たちは目のあたりにすることになったのです。このテロによって3000人以上の命が一瞬にして奪われました。

特に世界貿易センタービルには、世界中の金融関係者が大勢働いていました。日本の銀行員もたくさんいました。少なくとも24人の日本人がこのテロ攻撃によって亡くなりました。そのうちのひとりの遺体はいまだに見つかっていません。これが「9・11」と称される、アメリカ同時多発テロの経緯です（p45図表⑤）。

――オサマ・ビンラディンが送り込んだアルカイダ20人のうち、捕まったのがひとりだけなのはなぜですか？　何か犯罪の匂いがしていたとしたら、ほかの19人が捕まらないでテロを起こせたことが不思議です。

なるほど。いい質問ですね。ＦＢＩが逮捕したのは、テロの全体像をつかんでいたからではなかったのですね。たまたま逮捕したアフガニスタン人には、ほかにも仲間がいるらしい。そしてそいつらと何かを企んでいるのではないかという程度だったのです。ＦＢＩが本気になって調査に取り組まなかった。テロが起こったあとになって、その男を追及しなかったことが大失敗とわかった、ということですね。

第2章
「戦争とテロ」から見る中東

アメリカはアフガニスタンを放置した

アメリカのCIAが育てたともいえるオサマ・ビンラディンによってアメリカが攻撃を受けてしまったところまで話しました。歴史は因果関係だってわかるでしょう？　あんなことをしたら、こんなことが起きちゃった、という作用と反作用によって歴史が動いていく、ということがわかったと思います。では、9・11テロから現代までどうつながっていくのかを続けましょう。

9・11当時の大統領は、ジョージ・W・ブッシュ。残念ながら優秀だったパパ・ブッシュとは違って、お世辞にも出来がいいとはいえない大統領です。

ブッシュは、国際情勢をまったく知らないまま大統領になりました。アフガニスタンがどこにあるかも知らなかったのではないでしょうか。9・11に非常な危機感を抱き、「テロとの戦い」を宣言します。

その時ブッシュ大統領は、父親なら絶対に口にすることのなかったとんでもない発言をすることになります。「これからは十字軍の戦いだ」。信じられないでしょう？

イスラム世界で十字軍がどれだけ憎まれているのか、世界史の知識がまったくない息子のブッシュは、正義の戦いという意味で、十字軍と口走ったのでしょう。

しかし全イスラム世界を敵に回しかねない発言です。ブッシュ政権の幹部たちから指摘を受けてこの発言は取り消されたのですが、もう後の祭りです。

パパ・ブッシュは、イスラム教対キリスト教の戦いにならないように周到な準備をしたのですが、息子はそんなことは何も考えていませんでした。

すぐに報復するぞと、イギリスと一緒になってアフガニスタンを攻撃する準備に入ります。やがてアフガニスタンに潜んでいるアルカイダのリーダーであるオサマ・ビンラディンが首謀者だと判明します。

ブッシュ大統領は、アフガニスタンのタリバン政権に対して、オサマ・ビンラディンの引き渡しを要求しました。しかし、タリバン政権には客人は自分の命をかけても守らなければいけないという「パシュトゥンの掟」があります。アメリカの要求を拒否しました。

ブッシュ大統領は、テロリストをかくまうものもテロリストと同罪であると、アフガニスタンへの攻撃に踏みきったのです。

アメリカの軍事力は強大です。タリバン政権はあっというまに総崩れとなります。２００１年12月７日、本拠地カンダハルは陥落し、タリバン政権は崩壊しました。

実はアメリカによって攻撃され始めた際に、かなりの数のタリバンの連中がパキスタンに逃げ込みました。標的はタリバンだけとはいえ、アメリカもパキスタン国内で勝手に攻撃することはできません。

そもそもタリバンのメンバーの多くは、パキスタン軍が送り込んだものたちです。結局、パキスタンのスパイ組織である軍統合情報局が、タリバンをかくまいました。力が弱くなってはいるけれど、タリバンの勢力はパキスタンに温存されているという状態が続きます。

タリバン政権崩壊後、アフガニスタンにはアメリカ軍が駐留しますが、アメリカだけでは無理だということになり、NATO（北大西洋条約機構）軍がアフガニスタンに派遣され、治安維持にあたりました。

もしブッシュ大統領がまともな指導者であれば、崩壊したアフガニスタンを平和な安定した国に再建することに尽力したと思います。ところがブッシュ大統領には、そういう発想がありませんでした。

彼の考え方は非常に単純です。アメリカが独裁政権を倒せば、国民は歓喜して自ら民主主義の国をつくるだろう、と。アフガニスタンは放置したままにしたのです。そんなに簡単に民主主義の国家がつくれたら、どの国も苦労しないのですが。

――オサマ・ビンラディンは、どうなったのですか？

気になるよね。オサマ・ビンラディンはタリバン政権崩壊後、姿を隠し続けます。アメ

図表⑥—オサマ・ビンラディンの生涯

		地図
1957年	サウジアラビアの富豪の家に生まれる。イスラム教スンナ派	
1980年頃	ソ連がアフガニスタンに侵攻したため、イスラムを守る義勇兵として戦うことを決意。パキスタンでムジャヒディンとなり、各地からやってきた戦闘士たちの名簿づくりに携わる	❶
1988年	8月、「アルカイダ」を組織	
1989年	ソ連がアフガニスタンから撤退後、サウジアラビアに帰国	❷
1991年	湾岸戦争が勃発。サウジアラビアがアメリカ軍の駐留を認めたことに反発し、王家批判を強める。反米活動にのめり込む	
1992年	サウジアラビアから国籍を剥奪されスーダンに逃げる。スーダンでイスラム過激派組織アルカイダの拡大を図る	❸
1996年	アフガニスタンへ移る。タリバンから「賓客」として迎え入れられる。麻薬取引などで資金を調達	❹
1998年	ケニアとタンザニアでアメリカ大使館同時爆破事件を起こす。イスラム教徒の反米感情を煽り、世界中にアルカイダのネットワークを広げる	
2001年	9月11日、アメリカ同時多発テロを起こす。アメリカ政府はビンラディンの身柄の引き渡しを要求するもタリバンが拒否	
2011年	5月2日、パキスタン北部のアボッターバードに潜伏しているところをアメリカ軍が発見、殺害される	❺

写真提供：共同通信社

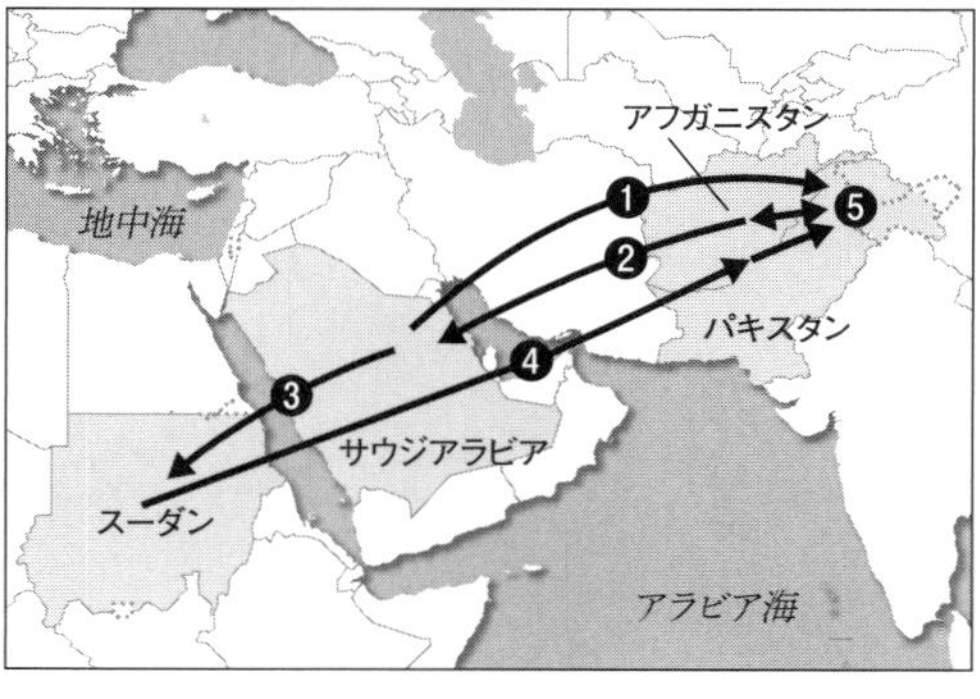

リカは大規模な捜索を続けますが、約10年間その足取りをつかむことができませんでした。しかし、2011年5月2日、オバマ政権のもと、ついにパキスタンに潜伏しているところをアメリカ軍によって発見され、殺害されました（p53図表⑥）。

アメリカがイラクへ攻め込んだ

さて、タリバン政権を倒したブッシュ大統領ですが、「テロとの戦い」はこれで終わりにはならなかったのです。

1991年の湾岸戦争でイラク軍をクウェートから追放したあと、国連はフセイン政権がどんな武器を開発していたかを調べました。その結果、化学兵器や生物兵器を開発し、さらに核兵器の開発にも取り組んでいたことが明らかになります。国連によって核兵器の開発は中止させられました。その後も国連はイラクが核兵器やミサイルを開発していないか、定期的に調査していました。これを「査察」といいます。

ところが、フセイン大統領が国連による査察に次第に協力しなくなったのです。査察を妨害するようになってきました。

査察を妨害するのは再び核開発をしようとしているのではないか。新たな大量破壊兵器をつくろうとしているのではないか、という疑惑が生まれてきます。しかし、疑惑はあくまで、疑惑にすぎません。

決定的な証拠は出ないけれど、ブッシュ大統領はなんとしてもイラクのフセイン政権を攻撃し、倒したいという、個人的な思いがあったのです。

湾岸戦争の時、多国籍軍によってイラクはクウェートから追い出されました。イラクのフセイン大統領は、多国籍軍を率いたパパ・ブッシュを憎んで暗殺計画を立てていたのです。途中で発覚して暗殺計画は失敗するのですが、息子のブッシュ大統領にしてみれば、パパを殺そうとしたフセインは許せないという憎しみが、ずっとあったのでしょう。イラクのフセイン政権が、ブッシュ大統領の「テロとの戦い」の次のターゲットになりました。

Q 少し難しい問題です。パパ・ブッシュはクウェートからイラクを追い出したあと、イラクのフセイン政権を崩壊させず、残したままにしました。それはなぜだと思いますか？

――**フセインをコントロールできると考えたのでしょうか？**

それは、不可能でしょうね。実はふたつ理由があったのです。

イラクがクウェートから撤退することを求める国連決議は、「イラクが従わなかった場合、国連加盟国はイラクをクウェートから追い出すための行動を取ってもいい」というものでした。パパ・ブッシュは、その国連決議に基づいて多国籍軍をつくり、イラクをクウェートから追い出しました。でもこれ以上やると、国連決議を逸脱すると考えて、イラク軍を攻撃しなかったんですね。

また、イラクにはアラブ人とクルド人というふたつの民族がいて、アラブ人はイスラム教のスンナ派とシーア派に分かれています。クルド人は、スンナ派です。つまり、イラクはふたつの民族とふたつの宗派が入り乱れて、三つの勢力で成り立っているのです。その三つの勢力が微妙なバランスを保っていたのは、フセイン政権によって押さえつけられていたからです。もしフセイン政権を倒すと、イラクは大混乱に陥ります。冷酷といえば冷酷ですが、中東の均衡を保つため、パパ・ブッシュはイラクに独裁政権をそのまま残したのです。

息子のブッシュ大統領は、パパがなぜフセイン政権を温存させたのかが理解できないまま、フセイン政権打倒に舵《かじ》を切ります。

2003年、「フセイン政権は大量破壊兵器を隠している」という偽の証拠をでっち上げ、イラクへの攻撃を決定。大規模な軍隊を送り込みました。この時、アフガニスタンに駐留していた部隊をイラクに転戦させたのです。これがイラク戦争の始まりです。

ブッシュ大統領は大学時代に、日本の歴史をちょっとかじっていました。もちろん、成績はひどかったようですが。

そこでイラクを攻撃する時、こう言ったのです。「ドイツや日本を見てみろ。どちらの国も軍事独裁だったけれど、第二次世界大戦でアメリカが両国を打ち破ったとたん、民主主義の国になったじゃないか。独裁政権をアメリカが倒せば、民主主義の国になる。だからフセインを倒せばイラクも一挙に民主主義の国になる」と。

実際、第二次世界大戦が終わったあと、日本もドイツも民主化されました。しかし、ドイツはヒトラーのナチス・ドイツが独裁を始めるまで、世界で最も民主的なワイマール憲法を持っていました。日本でも大正デモクラシー以降、民主主義がそれなりに定着し、男性に限ってですが普通選挙権もありました。ドイツも日本も、選挙で自分たちのリーダーを選ぶという民主主義の基本を知っていたから、民主化がうまくいったのです。

ところが、イラクに限らず中東やアラブの国々は、ほとんど国王による統治か、クーデターによってできた軍事独裁政権の歴史しかありません。自分たちが選挙で代表を選ぶという経験がまったくない。あなたたちで民主主義の国をつくりなさいと言われても、何をしていいかわからなかったのです（p58図表⑦）。

図表⑦—**ブッシュ父子「イラク攻撃」の比較**

父		息子
第41代アメリカ大統領 **ジョージ・H・W・ブッシュ** 		第43代アメリカ大統領 **ジョージ・W・ブッシュ** 
湾岸戦争 1991年1月17日〜2月28日 （停戦命令）	**攻撃時期**	**イラク戦争** 2003年3月20日〜5月1日 （大規模戦闘終結宣言）
イラクのクウェート侵攻に対抗するため	**攻撃の理由**	フセイン打倒のため偽の証拠をでっち上げる
多国籍軍を結成	**形式**	アメリカ軍主体の有志連合 「十字軍」発言
クウェートからイラクを追放。しかし、中東の均衡を保つためにフセイン政権は温存する	**結果**	イラクの民主化を目論むが、勉強不足で混乱を招く。その結果、イラクは内戦状態に陥る
海部俊樹 130億ドルの資金援助。しかしクウェートからは感謝されず	**その時の日本の首相と対応**	**小泉純一郎** 特別法案可決で自衛隊を派遣

写真提供：（左）時事通信社、（右）共同通信社

アメリカの無知が混乱を招いた

アメリカの大軍によって、フセイン政権はあっさり倒れました。2006年、アメリカとイギリスによる新生イラク政府が樹立され、フセインは死刑になりました。

ブッシュ政権は、イラクの統治のためにアメリカから大勢の要員を送り込みました。いったいどんな人たちを送り込んだのでしょう。実は、大統領選挙の際に自分を応援してくれた人、政治献金をたくさんしてくれた人を新生イラクの統治機構の重要な役職につけたのです。

ブッシュの出身地はアメリカ南部のテキサスです。ブッシュを大統領にしようと応援していた人たちの中には、生まれてから一度もアメリカの外に出たことのない人も多かったのです。アラビア語なんて聞いたことも話したこともない、アラブ世界やイスラム教についてもまったく知識がない。そんな人たちが、突然イラクに送り込まれたわけです。何が起きるか明らかですよね。

イラクに送り込まれたアメリカ兵たちも、世界中の人はみんな英語ができると思い込んでいました。

たとえば、こんなことがあったそうです。アメリカ軍がイラクの国内で交通検問をしている時に、イラク人の家族が乗った車が通りかかりました。一時停止をさせようと思って、アメリカ兵は「ＳＴＯＰ」と書いた札を立てました。

ところが、英語がわからないイラク人家族の車は、ブレーキをかけずに走ってくる。英語がわかることが当たり前だと思っているアメリカ兵は、この車は検問を突破しようとしている、テロリストに違いないと思い込んで、その場で銃を乱射して殺してしまいました。

さすがにその後、アラビア語で止まれという看板もつくりました。これは極端な例ですが、アメリカが世界のすべてだと思っているような人たちが、文化も言語も違う国を治めることなどできるわけはありません。

イラクなどのアラブ世界は、部族社会です。部族が大変強い力を持っています。でも、部族といっても、みなさんにはピンと来ないかもしれませんね。少し説明しましょう。

たとえばアラブ世界においては、いとこ同士の結婚が推奨されています。日本だといとこ同士の結婚は、避けられることが多いよね。

アラブは、まったく逆の発想なのです。血のつながりのない人と結婚をすると、自分たちの財産が奪われてしまうかもしれない。いとこ同士で結婚をすれば、親族の結束が高まるし、親族の財産がほかへ逃げていくことがない。そう考えます。

やがて巨大な親族のグループが構成され、その中に有力な長老が登場する。親族は、長老の言うことを大切に守る。それがアラブの部族社会です。

アメリカがイラクの部族社会を理解していなかったことがわかる、ある有名なエピソードがあります。アメリカ主導の新しい政権ができて、全国各地の警察署長も代わりました。新しく警察署長になった人に対して、アメリカが、「この地区に武装集団がいて治安が悪い。あの武装集団を取り締まれ」と指示を出しました。ところが、その署長は「ご冗談でしょう」とニヤニヤしていたのです。「あの武装集団のトップは、我が部族の長ですよ。我が部族の長に、なんで私が手を出せるんですか」そう言って笑い飛ばされたというのです。

近代国家においては、犯罪者の中に自分の親戚がいたとしても、警察ならばそれを取り締まるのが常識です。しかしイラクの部族社会においては、部族の掟が何よりも優先するのです。警察署長だとしても、役職よりも部族の長老に従うほうがはるかに大事だということです。そういうアラブの常識をアメリカは知らなかった。これでは、うまく統治できるはずがありません。

イラクは内戦状態に

アメリカは、イラク統治において決定的な大失敗を犯します。それがバース党員の公職追放です。バース党とは、アラブ復興党という意味の政党です。

フセイン政権時代、イラクはバース党の一党独裁でした。アメリカは、バース党員を全部政権から追放すれば、民主化がかなうと考えたのです。

ところが、フセイン政権時代のイラクにおいては、バース党員でなければ公職につけなかったのです。役所の幹部もお医者さんも看護師さんもみんなバース党員です。もちろん警察も軍隊の幹部も、学校の先生も油田施設の技術者の多くもすべてバース党員だったわけです。

Q バース党員全員を公職追放した結果、どんなことが起こったと思いますか？

——**役所や病院、学校が大混乱した……？**

そのとおりです。そもそも、第二次世界大戦後、アメリカが日本を統治した時はどうしたか？　まず、日本国民の反感を買わないように、天皇制を維持しました。日本の統治機構は、ほぼそのまま残して、その上にＧＨＱ（連合国軍最高司令官総司令部）を置きました。だから、戦後の日本の復興はスムーズにいったのです。

しかし、そんな歴史的知識のないブッシュ大統領は、イラク統治の要《かなめ》だったバース党員をすべて公職から追放しました。

役所の機能が停止しました。学校には先生がひとりもいません。病気になって病院に行っても、お医者さんも看護師もいない。

軍隊の兵士たちも、クビを言い渡されたわけですから、みんな頭にきて武器や弾薬を持って逃げて行きました。

イラクやアラブ社会に対する分析をしないままイラクを攻撃した結果、一夜にしてイラクの統治機構が崩壊してしまいました。ここから今に続くイラクの混乱が始まります。

先ほども話しましたが、イラクという国には、アラブ人とクルド人というふたつの民族があり、宗教的にはイスラム教のスンナ派とシーア派に分かれています。シーア派が6割で、スンナ派が2割。さらに残り2割のクルド人はスンナ派です。

フセイン政権は少数派のスンナ派でした。当然スンナ派を優遇します。バース党の警察官も軍隊の幹部もスンナ派だったわけです。

Q スンナ派のフセイン政権崩壊後、初めて自由な選挙を実施しました。どんな結果になったでしょう?

――不正が行われて、悪い人たちが公職についた。

そういうことも考えられますね。イラクではアメリカの指導のもとで、民主的な投票が行われました。当然のことながら、イラクの多数はシーア派です。シーア派の国会議員が大量に当選し、シーア派の政権が誕生。軍隊も警察もすべてシーア派が占めるようになりました。

すると、どんなことが起こったか。それまでスンナ派のフセイン政権のもとで、シーア派は抑圧されていました。権力の座にあるスンナ派にいじめられていたのです。それが、今度は自分たちが権力を取りました。

Q さて、軍隊と警察がシーア派になって、どういうことが起こったと思いますか?

――スンナ派へ復讐した。

そうなんです。たとえば、警察官もシーア派です。警察官としての訓練を受けていない人が、いきなり銃を持たされるわけです。警察官だから何をやっても捕まることはないと、シーア派の警察官によるスンナ派狩りが始まりました。

ある日突然、スンナ派の人のところに警察が乗り込んで来て連行され、翌日死体となって発見される。そういうことがあちこちで起きるようになりました。

このままだとシーア派によって殺されてしまうと考えたスンナ派が、シーア派に対抗し始めます。スンナ派には、もともとバース党員が多かった。フセイン政権時代の警察官や兵士がたくさんいる。彼らは、武器をたくさん持っているわけです。武器を持ったスンナ派の連中が過激な武装組織をつくり、シーア派の軍隊や警察と抗争を始めました。こうしてイラクは内戦状態に突入していくことになります。

自称「イスラム国」が生まれた

ブッシュ政権によるイラクの統治が失敗したことによって、イラクは内戦状態になりました。その中で、スンナ派の武装組織の中から過激な組織が生まれます。そこにアフガニスタンのアルカイダが触手を伸ばしてきたのです。

アメリカと対抗するためにも、イラク国内にアルカイダの組織をつくろうということになりました。こうしてイラク国内にアルカイダ系の過激派組織ができていきます。彼らはやがて、「イラクのイスラム国」を名乗るようになります。その後、「イラクとレバントのイスラム国（ＩＳＩＬ）」（日本では「イラクとシリアのイスラム国（ＩＳＩＳ）」と表記されていました）と名前を変え、現在の自称「イスラム国」（ＩＳ）へと発展していくことになります（図表⑧）。

最初は、小さな勢力でした。あまりに過激すぎて、支持を広げることがなかったのです。しかし２００４年10月に、日本のひとりの若者がその組織の犠牲になりました。まだ自称「イスラム国」を名乗る前の小さな過激派組織の時です。

香田証生《こうだしょうせい》さんという若者が、内戦状態のイラクに入国し、彼らに捕まってしまいます。戦場ジャーナリストでもなんでもない彼が、なぜ危険なイラクにひとりで入っていったのか。ワーキングホリデーでニュージーランドに滞在中、アメリカがイラクを攻撃して大混乱に陥っているニュースを見た。何が起きているのか見に行こうという好奇心だけで、ヨルダンを経由してイラクに入ろうとしました。

当然イスラム世界のことは何も知りません。半袖、半ズボン姿の彼を見て、ヨルダンの人たちはイラク行きを止めたそうです。しかし彼は忠告を無視して、イラクに入ってしまいました。

図表⑧―**イラクの政治状況からイスラム国ができるまで**

年代	政権	結果
湾岸戦争まで	フセイン政権時代	バース党(スンナ派)による一党独裁
湾岸戦争		
2003年	アメリカによるイラク統治	バース党の公職追放で混乱を引き起こし、失敗。治安の悪化で内戦状態に
2005年〜	自由選挙によるシーア派政権誕生	抑圧を受けていたシーア派によるスンナ派狩りが始まり、シーア派対スンナ派の内戦が深刻化

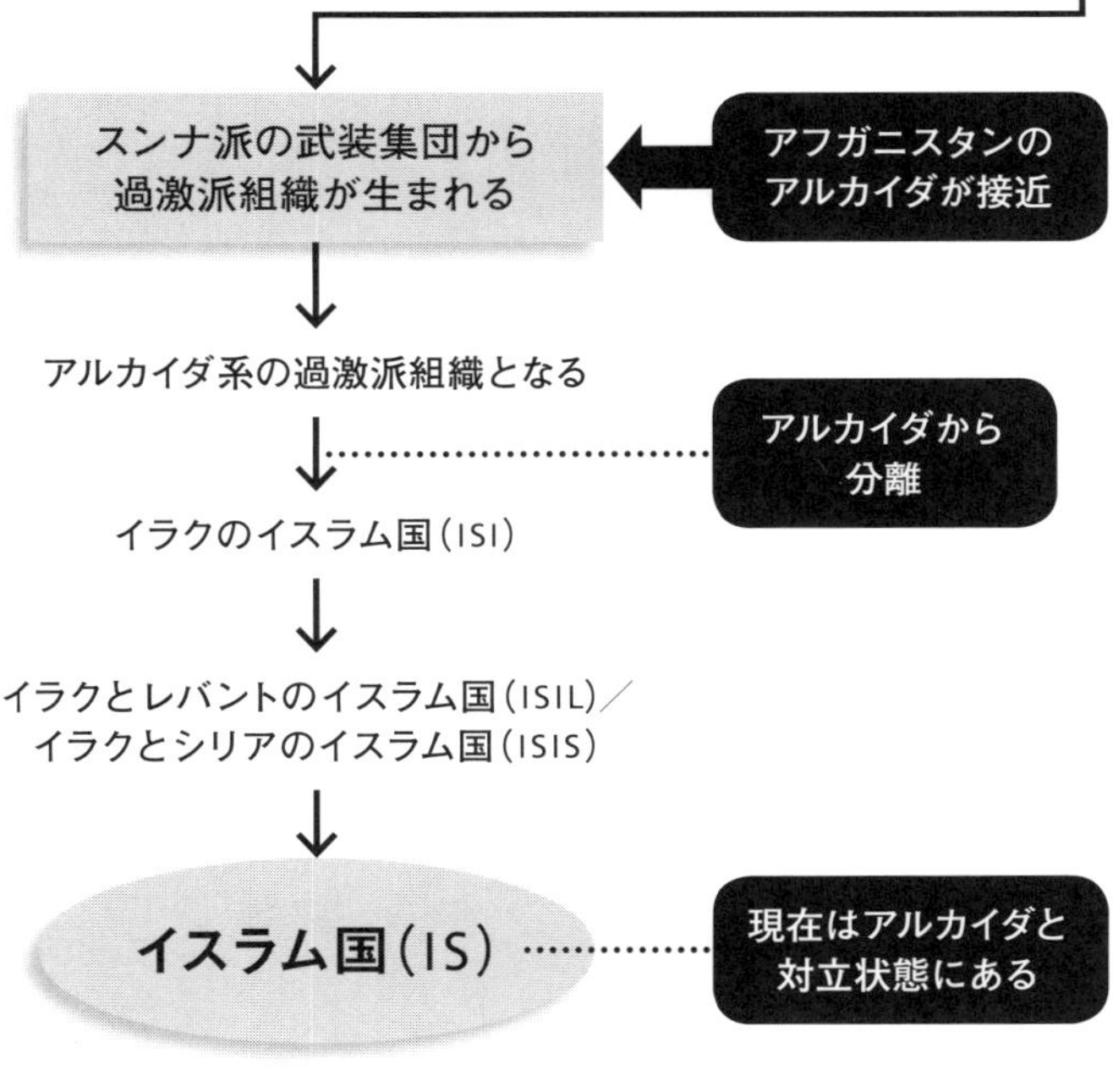
スンナ派の武装集団から過激派組織が生まれる
アフガニスタンのアルカイダが接近
アルカイダ系の過激派組織となる
アルカイダから分離
イラクのイスラム国(ISI)
イラクとレバントのイスラム国(ISIL)/イラクとシリアのイスラム国(ISIS)
イスラム国(IS)
現在はアルカイダと対立状態にある

イスラム世界で肌を見せることを禁じられているのは女性だけではないのです。男性もなるべく肌を見せないようにする慣習があります。

イスラムの男性は、みんな長袖に長ズボンを着ています。そこに半袖、半ズボンの若者が入国してきた。当然目立つわけですよね。過激派組織に捕まってしまいます。

ちょうどその時、イラクのサマーワに自衛隊が派遣されていました。過激派たちは、日本政府に対し、自衛隊をただちにイラクから撤退させなければ、この青年の命はないとビデオメッセージを送ります。

それに対して、小泉純一郎首相（当時）はテロには屈しないと宣言します。その直後に、香田さんは首をはねられて殺害され、その様子はインターネットに掲載されました。

非常に衝撃的な事件でした。この過激派組織が「イラクのイスラム国」を名乗るようになるのですが、まだこの段階では、勢力は小さかったのです。

「アラブの春」が「イスラム国」の勢力を拡大した

「イラクのイスラム国」の勢力を拡大するきっかけとなったのが、2010年末にチュニジアで始まった民主化運動でした。ベン＝アリ大統領の独裁政権を打倒すべく若者たちが立ち上がった。この運動は、チュニジアを代表する花にちなんで「ジャスミン革命」と呼ばれています。

チュニジアから始まった民主化運動は、独裁政権下のエジプト、リビア、シリアへとどんどん広がっていきました。この一連の運動を称して「アラブの春」といいます。

イラクの隣国、シリアでもアサド政権の下で抑圧されていた人たちが民主化運動を起こします。アサド大統領は、イスラム教のアラウィー派です。シーア派の一派に分類されていますが、イスラム教の中でも異端といわれている宗派です。

シリアでは、人口の1割にすぎない少数のアラウィー派が、多数のスンナ派を抑えつけるという構図になっていました。さらに少数のキリスト教徒もアラウィー派と一緒になって、スンナ派を抑圧していたのです。

アサド大統領の独裁政権に対する民主化運動として始まったシリアの「アラブの春」は、やがてアラウィー派とその支配に抵抗するスンナ派との宗教対立の様相を呈するようになりました。

さらにスンナ派の住民たちが立ち上がった時に、アサド大統領は軍隊にこの住民たちを弾圧しろと命令を出します。ところが、軍隊の兵隊の中には、自分の国の国民に銃を向けることはできない、と軍隊から離れる人たちが出てきました。

彼らはアサド政権と戦い始めます。これが「自由シリア軍」です。シリア国内は、アサド政権対自由シリア軍の内戦状態になります。

アメリカやイギリスは民主化運動を支援します。民主化運動をしているのはスンナ派の人たちです。同じスンナ派のサウジアラビアやカタールも支援します。

一方、シリアの隣のイラク、その隣にはイランがあります。イランは、シーア派の国です。同じシーア派のアサド政権を支援します。シリアの内戦は、いわばシーア派とスンナ派の代理戦争のような状態になりました。

さらにロシアがアサド政権を支援します。それは、なぜか。シリアにはロシア海軍の基地があるのですね。

Q ロシアはなぜ、シリアに海軍基地をつくらなければならないのでしょうか？

――**シリアの石油を狙っているから。**

シリアでも石油は出ますが、その量はサウジアラビアやイラクと比べると微々たるものです。そもそもロシアは豊富な石油資源を持っています。

さぁ、ほかにわかる人はいないかな？

――海軍だから、船ですよね。ロシアの海は冬になると凍っちゃうから、凍らない港が欲しかった！

そうですね。ロシアは、伝統的に凍ることのない港、つまり不凍港を求め続けているという話は、世界史で習ったと思います。シリアは、地中海に面しています。そこに海軍基地を設ければ、港は凍ることがありません。

もうひとつ理由があります。ソ連時代には、中東の多くの国を影響下に置いていましたが、ソ連が崩壊。東西冷戦終結後は、みんなアメリカ側についてしまったのです。

その中でシリアだけは、ロシアとの友好関係を続けていたという事情もあります。ロシアとしては、中東にも影響力を維持し続けたい。そのためにも、友好関係にあるアサド政権には、絶対に倒れてほしくないのです。

シリア国内の民主化運動が、ふと気がつくと、宗教対立を招き、スンナ派とシーア派の代理戦争になった。周辺の中東諸国を巻き込み、さらには、ロシア対アメリカの代理戦争にまで広がってしまった。これがシリア内戦の実情です（p73図表⑨）。

この内戦こそ自分たちの勢力を拡大する絶好のチャンスと考えたのが、「イラクのイスラム国」です。「イラクのイスラム国」は「イラクとシリアのイスラム国」（ＩＳＩＳ）と名前を変え、シリアにも出て行きました。

シリアに出て行って、彼らは何をやったのかというと、アサド政権ばかりでなく、反政府勢力の自由シリア軍も攻撃したのです。

自由シリア軍は、サウジアラビアやカタール、アメリカから支援を受けています。資金も豊富で、最新の武器を大量に持っていました。「イラクとシリアのイスラム国」は、自由シリア軍の武器を奪い取ろうと考えたのです。

自由シリア軍を攻撃し、武器を奪った「イラクとシリアのイスラム国」はシリアの中でどんどん勢力を拡大します。そして再びイラクに舞い戻って、最新兵器でイラク政府軍を攻撃したのです。

自称「イスラム国」の野望は何か？

「イラクのイスラム国」が、シリア内戦に干渉するために「イラクとシリアのイスラム国」に名前を変えた。シリアで武器を得て、勢力を伸ばし、再びイラクに戻ってきた時に、また名前を変えます。それが現在の自称「イスラム国」（ＩＳ）です。

この名前の変化を見ていると自称「イスラム国」の野望がどう変わっていったのかよく

図表⑨—**シリア内戦の構図**

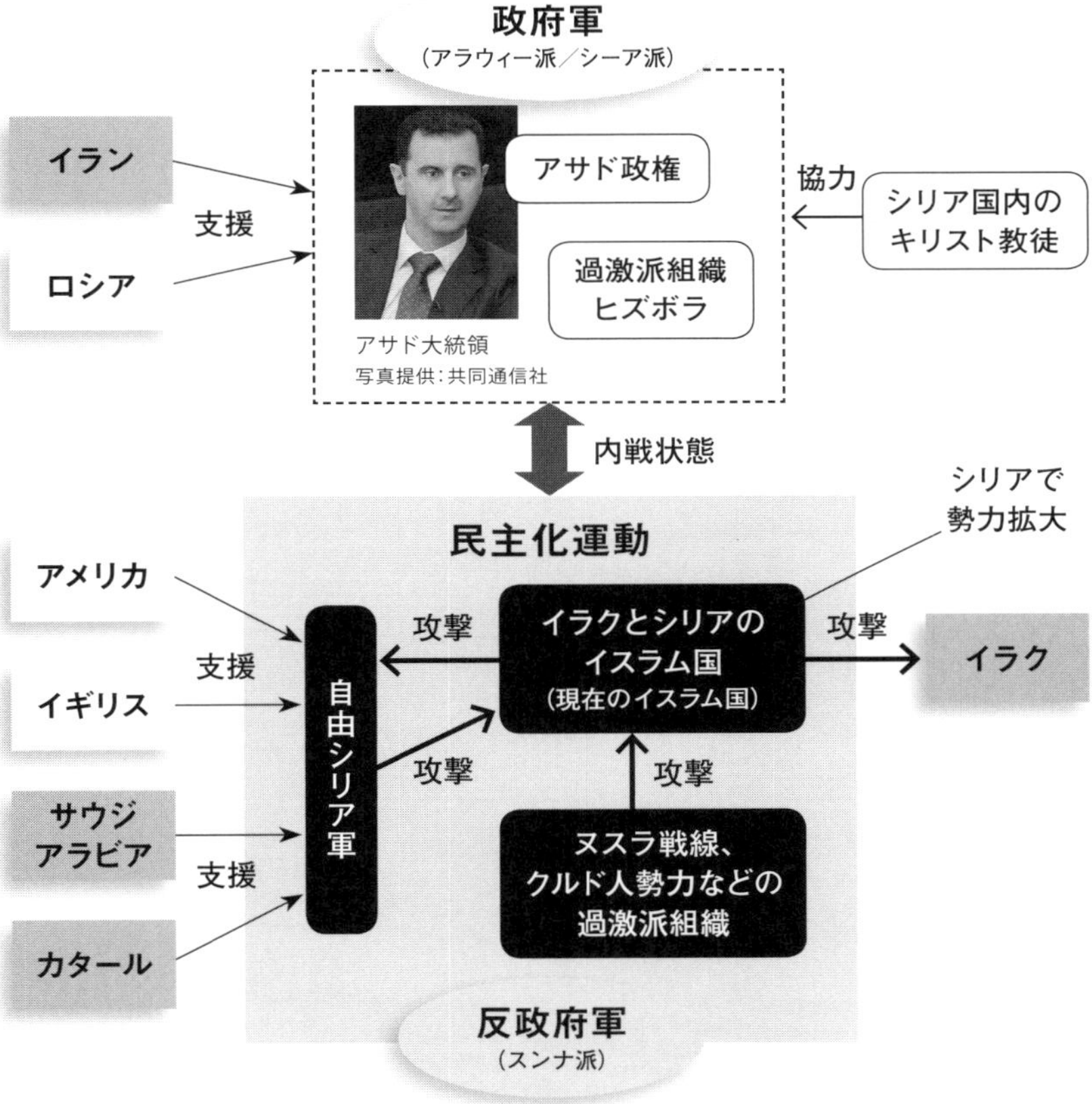

政府軍
（アラウィー派／シーア派）
イラン
ロシア
支援
アサド政権
過激派組織
ヒズボラ
アサド大統領
写真提供：共同通信社
協力
シリア国内の
キリスト教徒
内戦状態
民主化運動
アメリカ
イギリス
サウジ
アラビア
カタール
支援
支援
自由シリア軍
攻撃
イラクとシリアの
イスラム国
（現在のイスラム国）
攻撃
イラク
シリアで
勢力拡大
攻撃
攻撃
ヌスラ戦線、
クルド人勢力などの
過激派組織
反政府軍
（スンナ派）

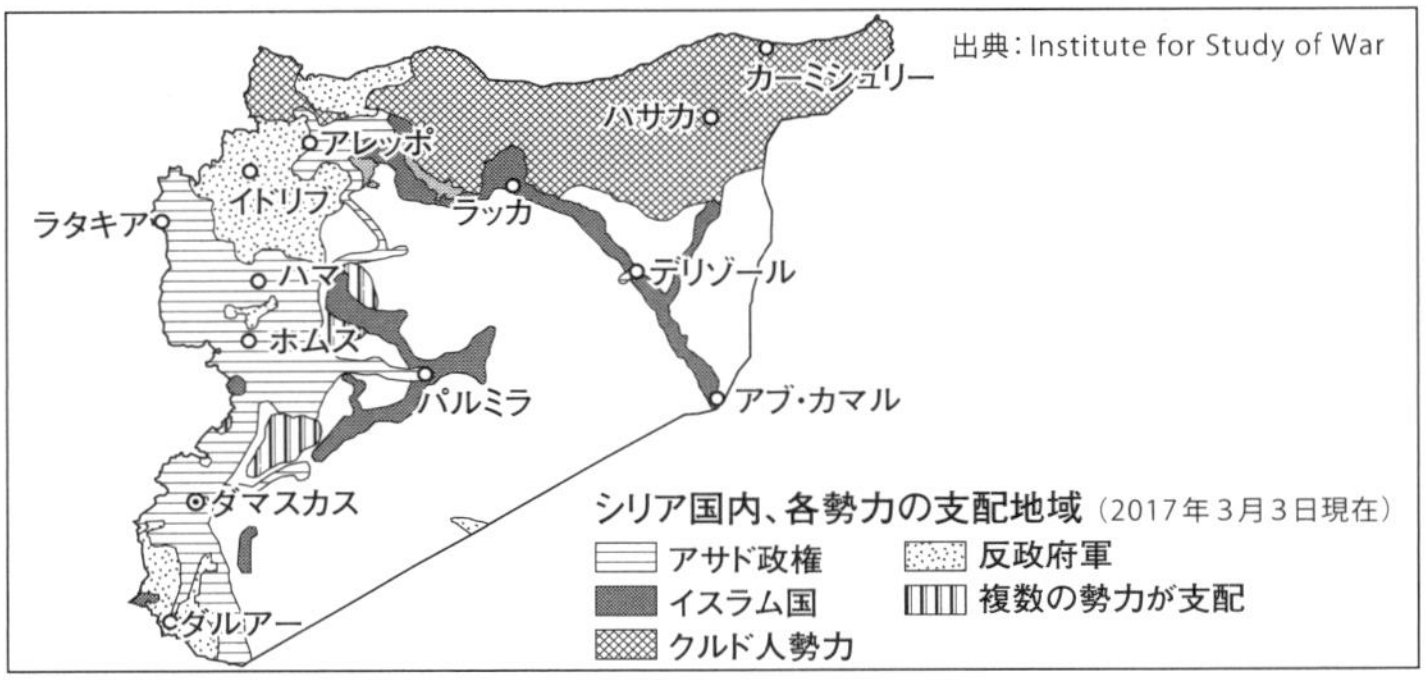

出典：Institute for Study of War
カーミシュリー
ハサカ
アレッポ
イドリブ
ラタキア
ラッカ
デリゾール
ハマ
ホムス
パルミラ
アブ・カマル
ダマスカス
ダルアー
シリア国内、各勢力の支配地域（2017年3月3日現在）
アサド政権
イスラム国
クルド人勢力
反政府軍
複数の勢力が支配

わかります。最初は、イラクを自分たちの支配下に置こうと考えた。シリアで内戦が起きたのを見て、イラクだけではなくシリアへと勢力圏を広げようとした。そして、今は自称「イスラム国」です。

Q 具体的な地名を外して「イスラム国」と名乗る理由を推測してみましょう。

——**自分たちは国家であると宣言し、世界に認めてほしくなった。**

そういう思いもあったかもしれませんね。でも、彼らの中には、もっと大きな野望が芽生えていたのです。

それはイラクとシリアだけじゃない。世界を制覇して、「世界全体をイスラム化」するという野望です。

イラクで生まれた小さな過激派組織は勢力を拡大して「イスラム国」となり、イラクとシリアを占領するだけではなく、世界各地でテロを行う恐怖の組織へと変貌を遂げたのです。

イラクとシリアの間には、どんな国境線があると思いますか？　ベルリンの壁のようなものを想像した人もいるんじゃないかな。実は、部分的に土を盛って行き来ができないようにしているだけなんです。

「イラクとシリアのイスラム国」を名乗っていた時に、この盛土でできたイラクとシリアの国境線を壊している映像を見たことがあります。その時、彼らは「サイクス・ピコ協定を打破したぞ」と叫んでいました。どういう意味があるのでしょう？

かつてこの一帯は、オスマン帝国が支配していました。第一次世界大戦でオスマン帝国は敗北。領土は分割されます（第3章p95参照）。その時に、イギリスとフランス、ロシアが秘密協定を結んで、イラクとシリアの間に勝手に国境線を引いたのです。それが１９１６年の「サイクス・ピコ協定」と呼ばれているものです。

「サイクス・ピコ協定」は、中東、アラブ諸国にさまざまな問題を引き起こすことになるのですが、それはまたのちほどお話しすることにします。

イギリスやフランスやロシアが、我々の知らないところで勝手に秘密協定を結んで、イラクとシリアに国境線を引いた。しかし、どちらに住んでいるのも同じアラブ人じゃないか。「サイクス・ピコ協定」を打破して、我々で新たな国をつくるんだという主張は、アラブ諸国の人たちに共通する思いなのです。「イラクとシリアのイスラム国」は、一時的にですが、イラクからシリアにかけて広い範囲を支配しました。

ここまで自称「イスラム国」がどうしてできたのか、というテーマを背景に中東の紛争の歴史を振り返ってきました。いろんな国の思惑や、民族、宗教が複雑に入り混じっていて、理解するのは容易ではないと思います。

２０１６年10月、自称「イスラム国」の重要拠点だったイラクのモスルの奪還作戦が始まりました。作戦にはイラク軍のほか、クルド人部隊なども参加。２０１７年になってモスルはほぼ陥落し、「イスラム国」の「首都」となっているシリアのラッカへの総攻撃も始まりました。「イスラム国」は早晩、壊滅するだろうといわれています。しかし、もともといろいろな国から寄り集まってきた「イスラム国」の兵士が、自分の国へ帰ってテロを行えば、世界中にテロを拡散することになるのではないか、という懸念もあるのです。

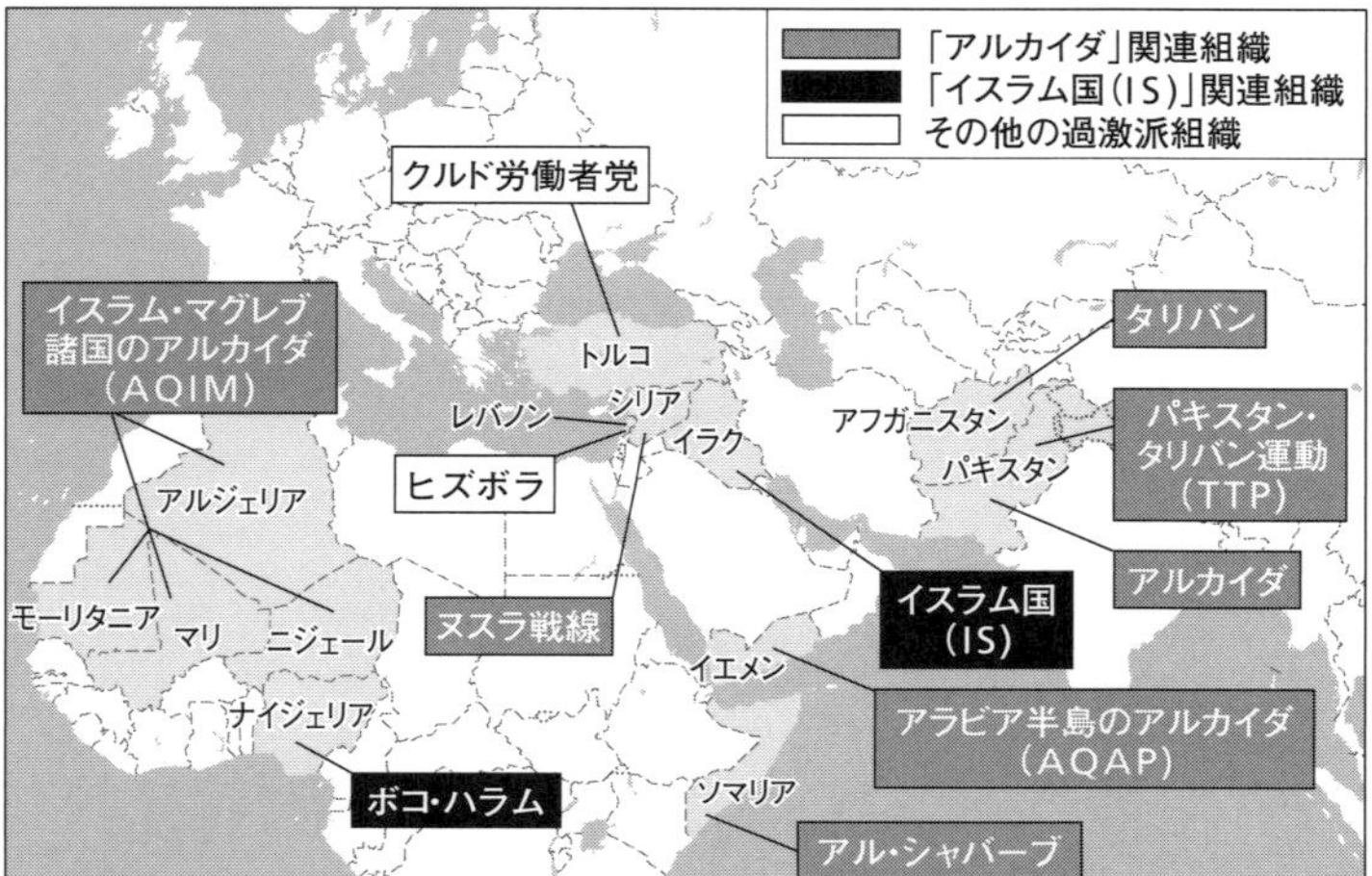

地図③—中東・北アフリカで活動する主なテロ組織
出典：公安調査庁HPの情報をもとに編集部で作成

では、ほんとにざっくりとですが、教科書的にまとめてみましょう。
ソ連が「国境を接している国に、自分たちの言うことを聞く政権をつくろう」という勝手な都合で、アフガニスタンに攻め込んだことがそもそもの発端でした。東西冷戦でソ連と対立していたアメリカは、これはソ連を叩く絶好のチャンスだと考え、アフガニスタンの反政府勢力を支援した。その反政府勢力の中からオサマ・ビンラディンという鬼っ子が生まれた。湾岸戦争をきっかけに、オサマ・ビンラディンはアルカイダを使ってアメリカに対し大規模なテロを仕掛けた。それに怒ったアメリカが、アルカイダのいるアフガニスタンを攻撃し、さらにブッシュ大統領の私怨もあってイラクをも攻撃し、フセイン政権を倒した。しかし、アメリカのいい加減な統治で、イラク国内は大混乱し、内戦が勃発。その中からさらに過激な自称「イスラム国」が生まれ、世界中でテロを起こしてきた。

要するにソ連とアメリカの身勝手な思惑によって、中東の大混乱が引き起こされたということです。とりわけアメリカの責任がいかに大きいかということがこれでわかるはずです（地図③）。

第3章
「地理・民族・歴史」から見る中東

どこから見て、中東なのか

2017年1月、アメリカに「アメリカ第一主義」を掲げるドナルド・トランプ大統領が誕生しました。選挙期間中から、アメリカ国民の利益を守るためにメキシコとの間に壁を造る、イスラム教徒の入国を禁止する、不法移民を追い出すなどの過激な発言で、物議をかもしていました。

ほとんどの人は、選挙で注目を集めるための話題づくりだと高をくっていました。ところが大統領に就任するやいなや選挙中の発言を実行に移すため、議会の承認を得ることなく発令できる大統領令を乱発します。

そのひとつとして、イスラム教徒が多数を占める7か国からの入国を禁止する大統領令を発令しました。シリア難民はもとより、対象となる国からの入国希望者に対して査証（ビザ）を発給しないというものです。

これに対してワシントン州シアトル連邦地裁が大統領令の一時差し止めを命じ、さらにサンフランシスコ連邦控訴裁も地裁の判断を支持。トランプ大統領の試みは挫折しました。

イスラム教徒の移民や難民はテロリストの可能性がある、と決めつけるトランプ大統領の考え方は極端すぎますが、アメリカ国内には支持する声が少なくないことも事実です。9・11アメリカ同時多発テロの犯行集団がイスラム過激派のアルカイダだったことも大きく影響しているのでしょう。

では、トランプ大統領に名指しされたイスラム圏7か国とはどこかというと、中東のイラン、イラク、シリア、イエメン、そしてアフリカのリビア、ソマリア、スーダンです。どの国も政情が不安定だったり、テロ支援国家に指定されたりしている国ばかりです。しかし9・11のアメリカ同時多発テロの犯人たちと関係の深いサウジアラビアやアフガニスタン、テロが頻発しているトルコなどが対象になっていないのも不思議ですね。トランプ大統領のビジネスに関わる国は指定されていない、と評するメディアもありました。

この時、イラン政府は、アメリカの姿勢に反発。イランで開催されるレスリングの国際大会に、アメリカ選手団の入国を拒否すると発表しました。のちに、連邦地方裁判所の大統領令を差し止め命令に基づき、イラン人のアメリカ入国が認められると、アメリカ選手団のイラン入国も認められました。

両国は優勝決定戦にまで進み、イランが優勝。選手らはお互いの健闘を称え合いました。政治的な緊張が高まるなかで、スポーツにおいては友好関係を保っていることを示しました。

このイスラム圏7か国。アフリカの3か国を除くと中東が4か国ありますね。その中でもイランだけは、少し毛色の違う国なのです。

私がNHKを辞めて最初に訪れた国がイランです。2005年のことでした。当時イランには核開発の疑惑があったからです。その後もイランへ取材に行ったことがあります。帰国後、知人からは「そんな危険な国へ、よく行きましたね」という反応が返ってきました。その人は、イランとイラクを混同していたのですね。

核兵器の開発は、もちろん国際的な脅威です。しかし、イラン国内は過激派が跋扈《ばっこ》しているわけでもなく、穏やかでした。

イランとイラク、名前はよく似ていますが、民族も言語もまったく違います。イラクは、フセイン大統領の独裁政権をアメリカが打倒して以来、国内が大混乱。シリアの内乱と相まって、自称「イスラム国」を生み出す原因ともなった国です。

Qでは、もう一方のイラン。この国が昔なんと呼ばれていたか、わかる人?

――メソポタミア?

一気に文明発祥の古代にまでさかのぼったね。残念ながら、不正解です。メソポタミアは、チグリス川とユーフラテス川に挟まれた「肥沃な三日月地帯」と呼ばれていた地域で

図表⑩―**イランとイラクはこれだけ違う**

イラン		イラク
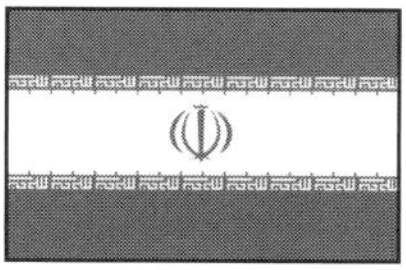		
イラン・イスラム共和国	**形式**	イラク共和国
約165万平方キロメートル	**面積**	約44万平方キロメートル
約7910万人	**人口**	約3481万人
ペルシャ人、アゼリ系トルコ人、クルド人、アラブ人など	**民族**	アラブ人、クルド人、トルクメン人、アッシリア人など
ペルシャ語、トルコ語、クルド語	**言語**	アラビア語、クルド語
イスラム教（シーア派90%、スンナ派10%）、キリスト教、ユダヤ教、ゾロアスター教など	**宗教**	イスラム教（シーア派60%、スンナ派40%）、キリスト教など
石油	**主要産業**	石油
イラン・リヤル	**通貨**	イラク・ディナール
ペルセポリスの遺跡	**有名なもの**	「目には目を」の『ハムラビ法典』のふるさと
  ハサン・ロウハーニー大統領（左）シーア派最高指導者ホメイニ師（右）	**政治家・著名人**	  建築家ザハ・ハディド（左）フセイン元大統領（右）

出典：外務省HPをもとに編集部が作成／写真提供：4点とも共同通信社

すね。そこは現在のイラクです。

イランはかつてペルシャと呼ばれ、古代ペルシャ帝国の時代は中東の中でも大きな勢力を持っていました。

イランとは、「アーリア人の国」という意味です。ちなみに、ドイツ人もアーリア人の流れを組む民族です。イランとイラクはペルシャ語を話すアーリア人とアラビア語を話すアラブ人、つまり、まったく違う民族なのです（p83図表⑩）。

私たちは中東とひとくくりに考えがちですが、すべてがアラブ人の国ではありません。また、イスラエル以外はどの国もイスラム教徒が多数を占めていますが、ユダヤ教徒やキリスト教徒もいます。同じイスラム教徒でも、国によって多数派の宗派は異なり、それが中東各国の人たちが仲よくできずに、抗争を繰り返す原因のひとつにもなっています。

Q そもそも中東とは、どのあたりでしょうか？

――アラビア半島からイランのあたりです。

ほぼ正解ですね。念のため世界地図で確認しておきましょう。（地図④）少しおかしいなと感じませんか。この地図で見ると、中東は文字どおり真ん中の東ではなく、かなり西に位置しています。

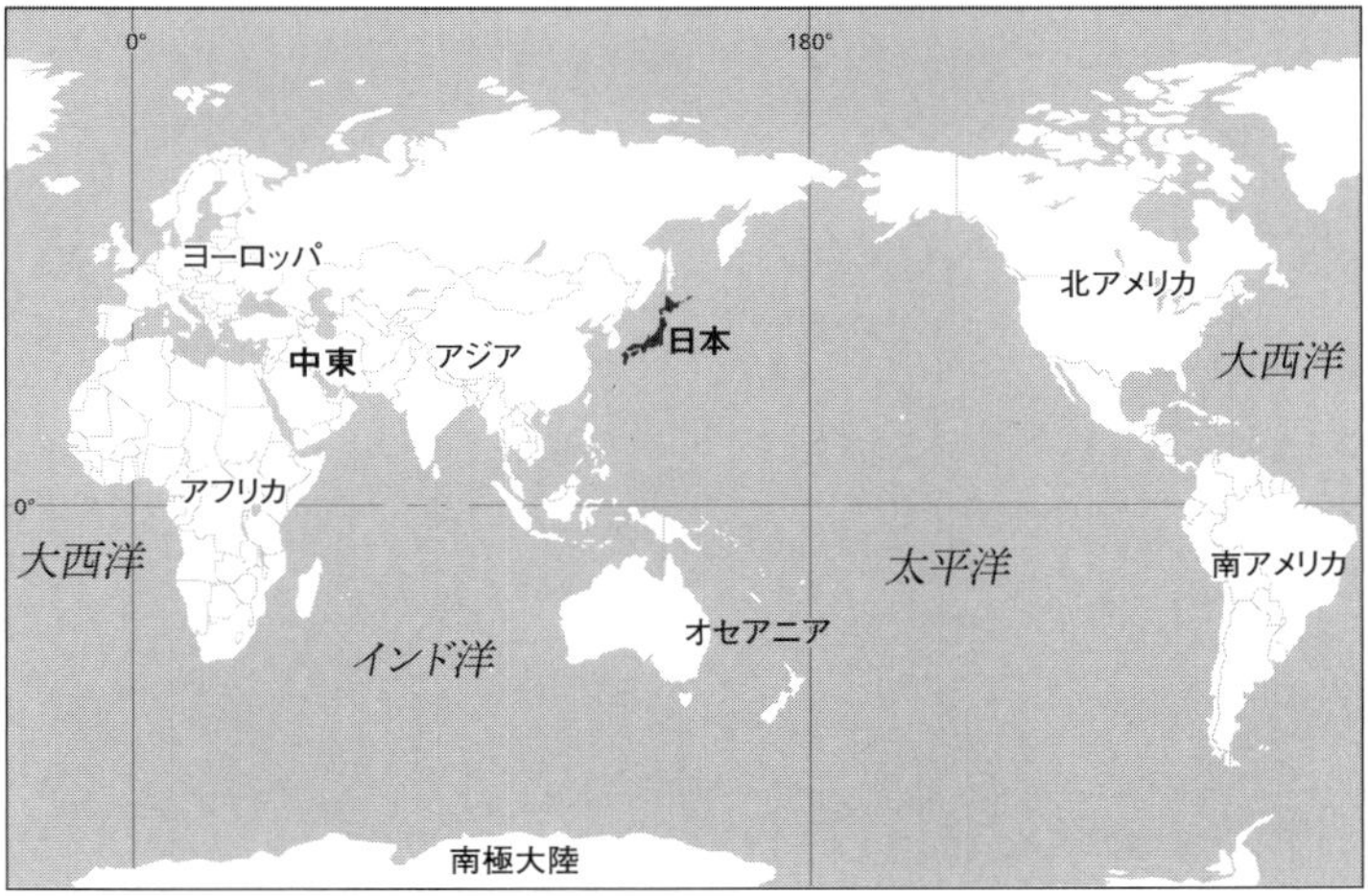

地図④—日本で使われる世界地図

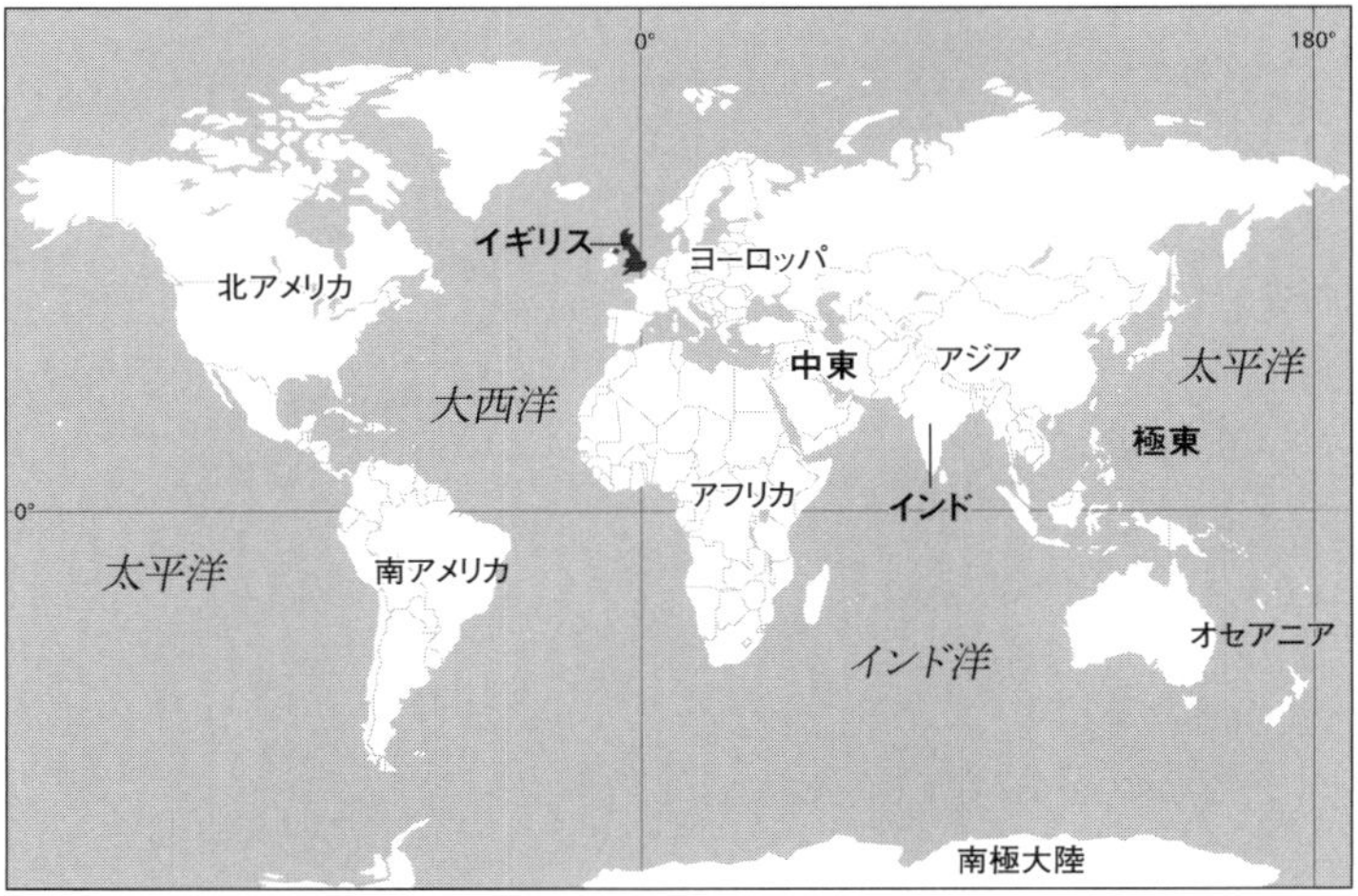

地図⑤—イギリスで使われる世界地図

世界地図は、どの国に行っても同じではありません。実は自分の国が真ん中に来るようにつくられていることが多いんです。これは、日本の世界地図でした。

では、イギリスの地図を見てみましょう（p85地図⑤）。日本は東の端にありますね。それでFar East、つまり極東と呼ばれるのです。かつてイギリスは大英帝国と呼ばれ、世界の覇権を握っていました。その時代から、世界を見る際にはイギリスを中心とした呼び方がされるようになったのです。

イギリスの地図でも、中東はやや西寄りにあるように感じるのですが……。

いいところに気がつきましたね。中東は、英語でいうとMiddle East。中くらい東です。では、イギリスにとっての東はどの国を指すのでしょう？　それはインドなんです。インド、パキスタン、バングラデシュ、スリランカはかつてイギリスの植民地でした。イギリス領インドです。イギリス人にとって、インドが東の基準なのです。それより極端に東なら極東になり、それより中くらい東なら中東になります。

ただし、中東をどの範囲に規定するのかというのは、国によって少しずつ違います。日本の外務省では、アフガニスタン、イラン、イラク、クウェート、シリア、トルコ、ヨルダン、レバノン、イスラエル、サウジアラビア、バーレーン、カタール、アラブ首長国連邦、オマーン、イエメンの15か国を中東と定義しています（地図⑥）。

では、中東と同じような印象のある、アラブ世界の定義は何だと思いますか？　アラビア語を話す人たち、すなわちアラブ民族が大勢いる地域です。中東の一部から北アフリカにわたる国々です。

さらにイスラム世界とはどこを指すのか？　イスラム世界になると、いきなりエリアが広がります。イスラム教を国教とする国とイスラム教徒が多く住んでいる国を合わせて、イスラム世界と呼びます。「イスラム協力機構」というイスラム教国の集まりもあって、そこには現在56か国（およびパレスチナ）が加盟しています。それに加盟していないけれど、イスラム教徒が大勢いる国もイスラム世界に含まれます（p228~231参照）。

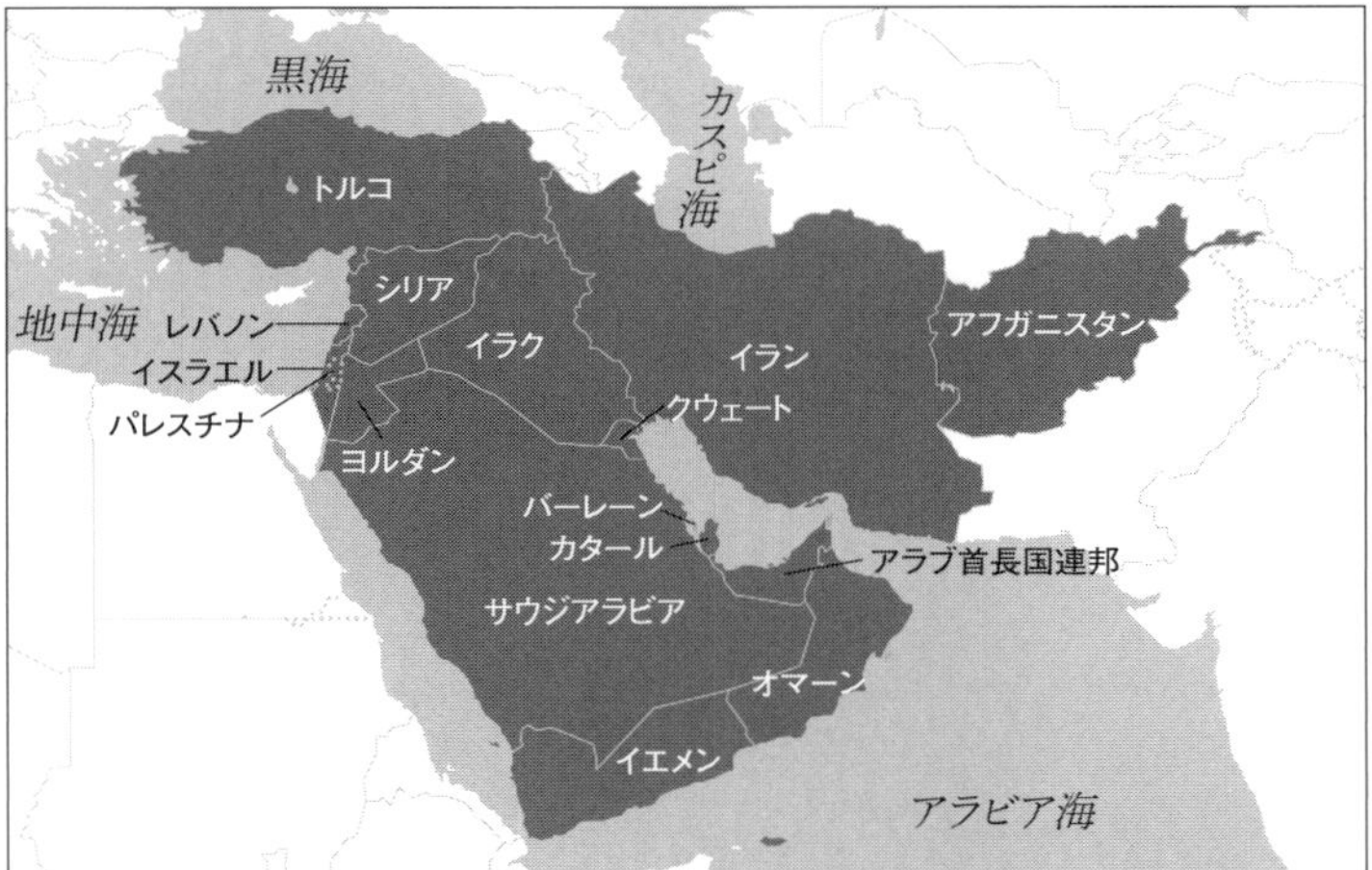

地図⑥—日本の外務省が定義する中東15か国

Qちなみに世界最大のイスラム教国はどこか知っていますか？

――インドネシアです！

そのとおりです。アラブ諸国ではなく、インドネシアです。インドネシアの人口は、2億5500万人で、世界第4位（2015年、インドネシア政府統計）。その大多数がイスラム教徒ですから、人数も圧倒的なのです。

では、全世界でイスラム教徒はどのくらいいるのでしょう。もちろん人口のように国が把握して発表しているものではないので、正確に数えることはできません。それでも現在イスラム教徒の数は16億人だと言われています。

世界人口約73億人の約4分の1がイスラム教徒だというわけです。すごい数ですよね。ちなみにキリスト教徒は22億人以上だといわれています。

中東15か国とはどんな国か

少し脱線しましたね。話を中東に戻しましょう。

それでは中東の15か国は、それぞれどんな国なのか。今回の授業に関係の深い国を中心に、ざっと紹介しましょう。

まず、アフガニスタン。第1章で、9・11の実行犯をかくまった、イスラム過激派組織タリバンの本拠地であることを話しましたね（p43）。タリバン政権のほとんどを占めたのが、パシュトゥン人です。彼らが信仰するイスラム教スンナ派が多数派を形成しています。

第1章でお話ししたパシュトゥンの掟（p43）、覚えていますか？　サウジアラビアから逃げて来たオサマ・ビンラディンをかくまったことから、9・11につながっていきました。

彼らは、パシュトゥー語を話します。このパシュトゥー語とダリー語が公用語になっています。ほかにもタジク人、ウズベク人、ハザラ人など、さまざまな民族の人々が暮らしています。

次に、イラク。フセイン大統領の独裁政権が続いていたイラクは、大多数のアラブ人のほかは、クルド人です。イスラム教シーア派が多数派ですが、フセイン政権はスンナ派。少数派が多数派を支配する構造になっていました。第4章でお話ししますが、その構造が、フセイン政権倒壊後、大混乱を招く要因となります。

イランについては、先ほど少し紹介しましたね。主にアーリア系のペルシャ人が住んでいます。言葉もペルシャ語です。イスラム教シーア派が多数を占めていて、キリスト教などほかの宗教の人もいます。核開発が問題になって、２０１５年に国連安全保障理事会の常任理事国であるアメリカ、イギリス、ロシア、フランス、中国の5か国にドイツを加えた6か国との間で、10年間は核開発は行わないという協定を結びました。

そして現在、中東で最も混乱している国、それがシリアです。アサド政権と反政府軍、自称「イスラム国」やクルド人の武装勢力が入り乱れて抗争を続け、ヨーロッパへ逃れた100万人のほか国内でも660万人の難民が発生しています。国民のほとんどがアラブ人でイスラム教スンナ派が多数を占めています。

さて、次の国です。アラブ首長国連邦（UAE）という国名を知っていますよね。

Q「首長国」とはどんな国でしょう?

――イスラム世界で王様のいる国のことでしょうか……。

そうですね。首長国というのは、王様などの君主による統治が行われている国のことです。

アラブ首長国連邦は、アブダビ、ドバイなど七つの首長国による連邦政府です（地図⑦）。連邦政府には、大統領が存在します。7首長国の首長で集まって決めるのですが、実際には、大統領はアブダビ首長、副大統領はドバイ首長が世襲で継いでいます。

アブダビは産油国でひとりあたりの国民所得は世界のトップクラス。ドバイは中東にお

地図⑦—アラブ首長国連邦の七つの首長国

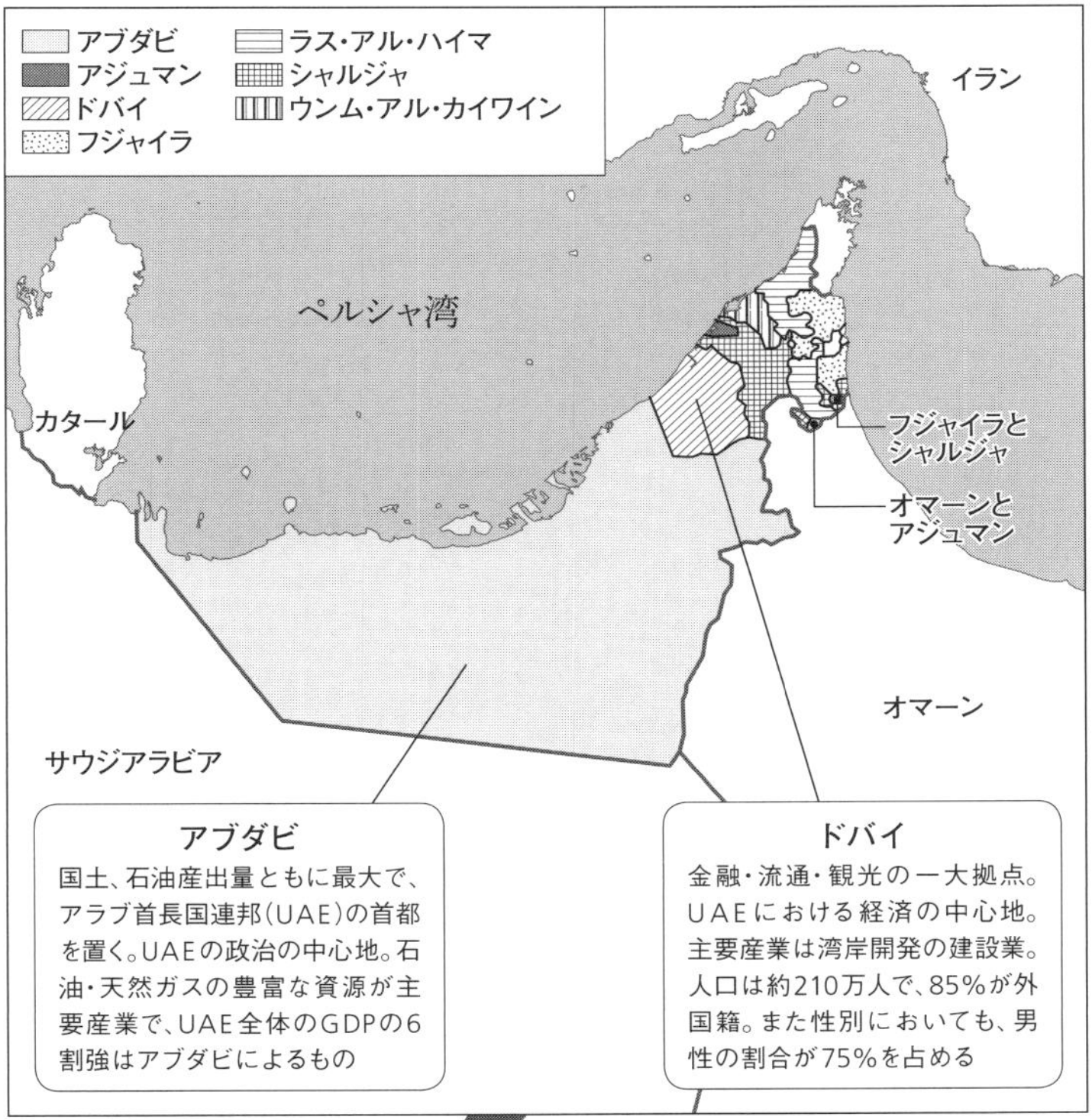
アブダビ
アジュマン
ドバイ
フジャイラ
ラス・アル・ハイマ
シャルジャ
ウンム・アル・カイワイン
イラン
ペルシャ湾
カタール
フジャイラとシャルジャ
オマーンとアジュマン
オマーン
サウジアラビア
アブダビ
国土、石油産出量ともに最大で、アラブ首長国連邦(UAE)の首都を置く。UAEの政治の中心地。石油・天然ガスの豊富な資源が主要産業で、UAE全体のGDPの6割強はアブダビによるもの
ドバイ
金融・流通・観光の一大拠点。UAEにおける経済の中心地。主要産業は湾岸開発の建設業。人口は約210万人で、85%が外国籍。また性別においても、男性の割合が75%を占める

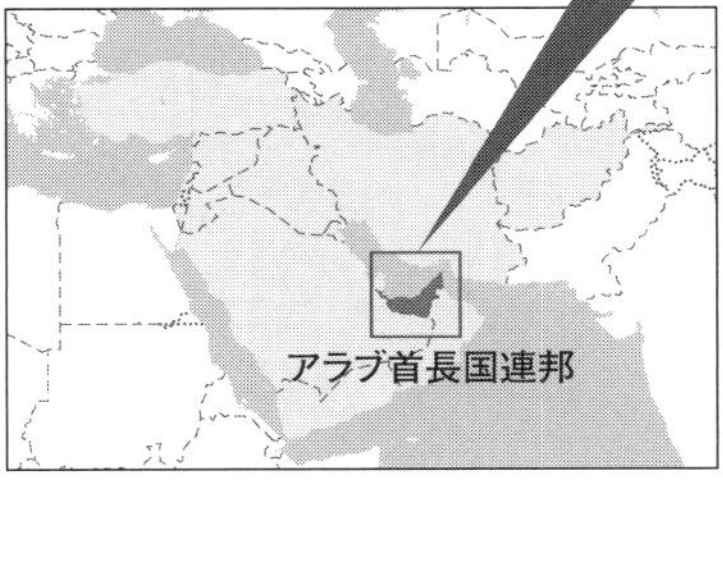
アラブ首長国連邦

アラブ首長国連邦 基礎情報

総人口	945万人
首都	アブダビ
民族	アラブ人
言語	アラビア語
宗教	イスラム教

七つの首長国による連邦政府。大統領はアブダビ首長、副大統領(首相兼任)はドバイ首長が世襲で継いでいる

ける金融と流通、観光の一大拠点となっています。アラブ首長国連邦もアラブ人のイスラム教徒がほとんどです。

さあ、次は中東最大の国家、サウジアラビアを見てみましょう。サウジアラビアとは、サウド家のアラビアという意味で、サウド一族による独裁が行われています。中東でも最も厳格なイスラム教の国で、厳しい戒律を国民に課しています。アメリカとともに世界最大規模の産油量を誇ります。

そして、トルコ。オスマン帝国時代には、中東の大部分だけではなくヨーロッパにまでその勢力を広げていました。ヨーロッパと中東の架け橋的な位置にあって、今まさにシリア難民問題の鍵を握っている国です。

イスラム教徒のトルコ人が大多数を占めていますが、トルコ共和国として独立するに際して民主化と政教分離を行ったためアラブ系のイスラム教国と比べ、自由な雰囲気が漂っています。ただ、近年エルドアン大統領がイスラム化を進め、ヨーロッパ諸国との間に溝ができています。

クウェート、ヨルダン、レバノン、バーレーン、カタール、オマーン、イエメンもイスラム教徒のアラブ人が中心の国です。

中東問題とその核心とは

今度は、中東がどんな背景を持った地域なのか、歴史を振り返ってみましょう。先ほどトルコの紹介のところで触れたように、中世から第一次世界大戦まで、このあたり一帯はオスマン帝国が支配していました。時代によって領土は広くなったり狭くなったりしましたが、最大勢力を誇った17世紀にはトルコを中心に北アフリカから現在のハンガリーまで広大な地域を支配していました。

その中で、現在中東と呼ばれている地域は、北にオーストリア＝ハンガリー帝国という強大な帝国の脅威を感じ、東からはペルシャの圧力を受けてきた。ペルシャは、現在のイランですね。さらにオスマン帝国内でもさまざまな地域の接触点となるような場所です。そういう場所は、民族や宗教が入り乱れてどうしても情勢が不安定になりがちです。

そして、中東において不安定な要素を最も抱えているのがイスラエルです。

Q みなさんは、「中東問題」という言葉を聞いたことがありますか？

――石油の利権争いのこと……？

ではないんだな。もちろん産油国が集まっている地域なので、石油問題で話題になることは多いよね。石油については、このあと第5章で詳しく説明します。

ここでいう中東問題とは、イスラエルとパレスチナの紛争を指します。それはどういう問題か。まず現在の地図（地図⑧）で、イスラエルとパレスチナの位置関係を確認しておきましょう。

――イスラエルの中にパレスチナが2か所があります。

ちゃんと気づきましたね。それこそが現在の中東問題の核心とも言えることなのです。でも、その解説は少しあとに回して、まずなぜ中東問題が起こったのか。その発端から見ていくことにしましょう。

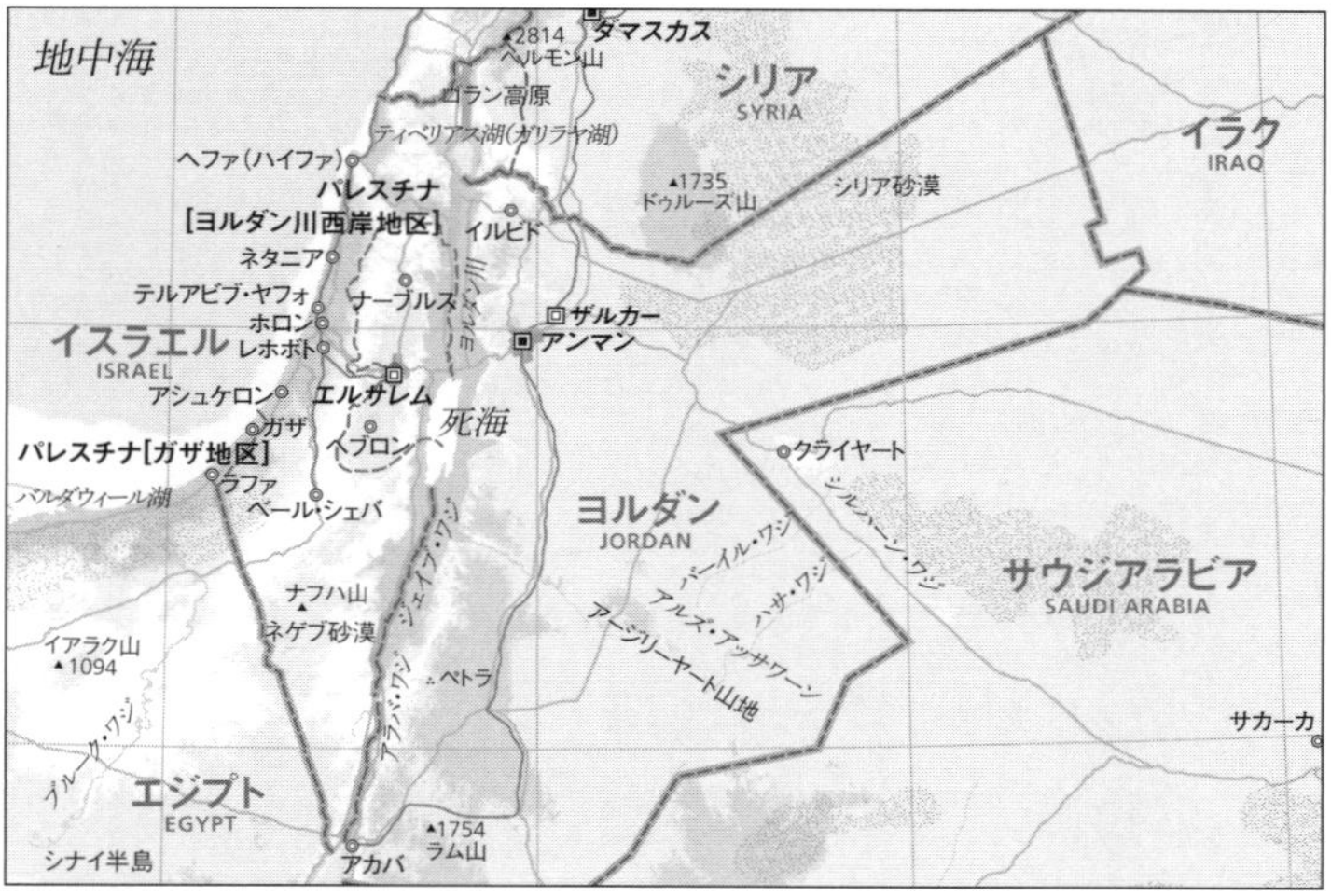

地図⑧―イスラエル地図

イギリスの三枚舌が、パレスチナ問題の原因

時代は、第一次世界大戦の頃にさかのぼります。大戦中、各国は自国に有利に戦争を導くため、さまざまな密約を結んでいました。

オスマン帝国は最盛期と比べれば、ずいぶん勢力が衰えていましたが、現在のトルコからイラクやシリア、ヨルダン一帯までを支配していました（p96地図⑨⑩）。オスマン帝国は、トルコ人がつくった国家です。

イギリスは、敵国のオスマン帝国を倒したい。そのためには、オスマン帝国の支配地域の中に暮らすアラブ人たちに反乱を起こさせればいいと考えました。

そこでエジプトに駐留していたイギリスの高等弁務官のマクマホンが、イスラム教の聖地メッカを守っていたアラブの大首長フセインに「アラブが反乱を起こして、オスマン帝国を倒せば、そのあとにアラブの国をつくる」という約束をしました。これが「フセイン・マクマホン協定」（1915年）です。この約束を信じて、アラブの反乱が起きました。

『アラビアのロレンス』という映画を観た人はいるかな？　ああ、いませんね。3時間以上もある長い映画ですが、チャンスがあったら、ぜひ観てください。

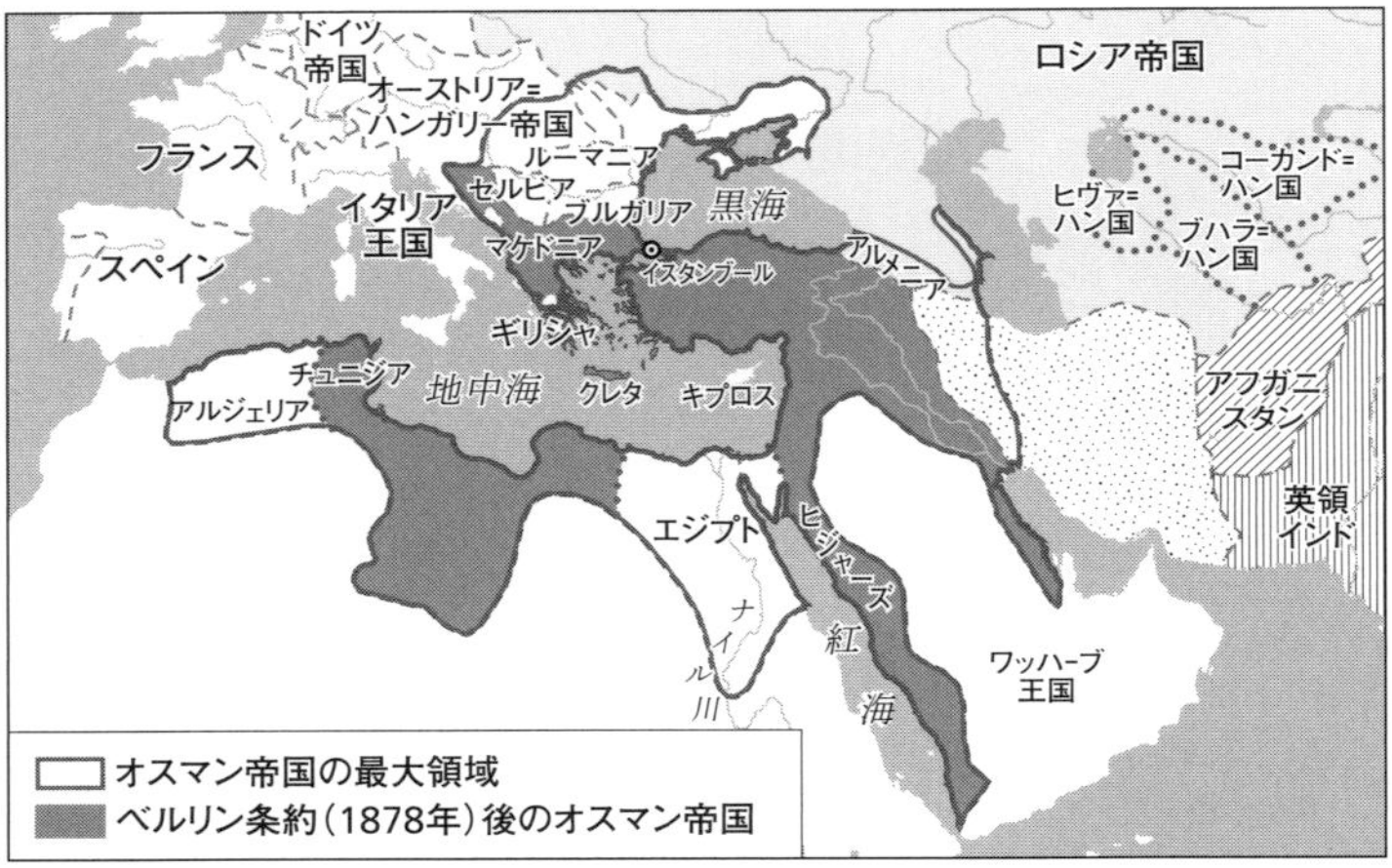

地図⑨―旧オスマン帝国

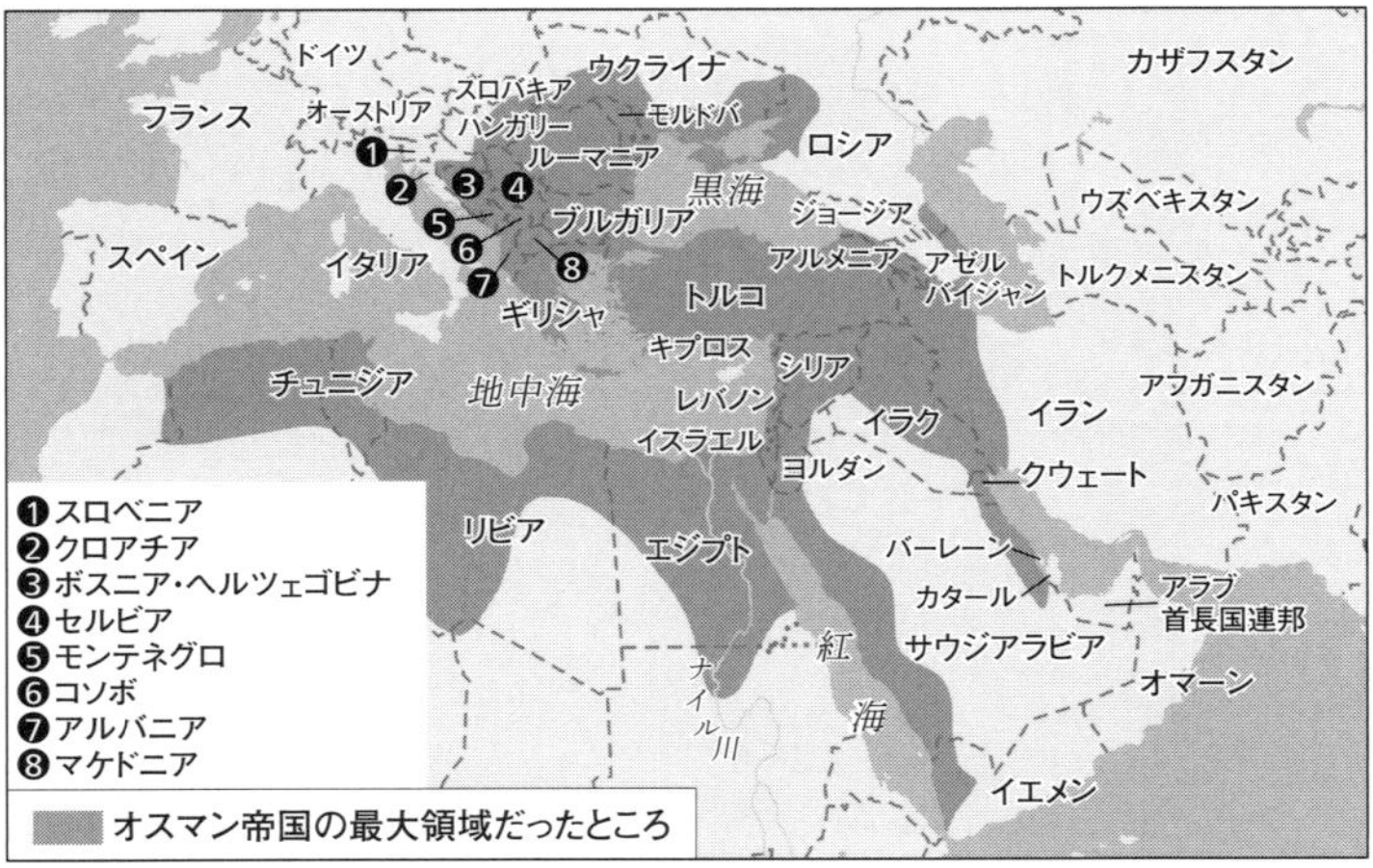

地図⑩―現在の中東・ヨーロッパ・アフリカ

『アラビアのロレンス』は第一次世界大戦中の実話をもとにした映画で、「フセイン・マクマホン協定」によるアラブのオスマン帝国からの独立闘争を描いています。

イギリス人の考古学者でアラビア語が話せたロレンス（写真②）は、イギリス軍のスパイとしてアラブに送り込まれます。そして、アラブ人ゲリラを率いて反乱を引き起こします。ロレンスはアラブの人たちと、本当に親しくなり、アラブの人たちのために力を尽くそうとします。しかしイギリスは、自分の国を優位にするために、あらゆる手練手管を使い、結局アラブを裏切る。ロレンスが、自国の対応に失望して去っていくまでが、ある程度の史実に基づいて描かれた映画です。

写真②—トーマス・エドワード・ロレンス
写真提供：Getty Images

本題に戻りましょう。イギリスは「フセイン・マクマホン協定」でアラブの独立を約束しながら、一方でフランス、ロシアと「サイクス・ピコ協定」（１９１６年）を結びます。これはオスマン帝国が崩壊したら、この領地をイギリスとフランスとロシアで分割しようというものでした。

一方、イギリスの外務大臣バルフォアが

図表⑪―**イギリスの三枚舌外交とは**

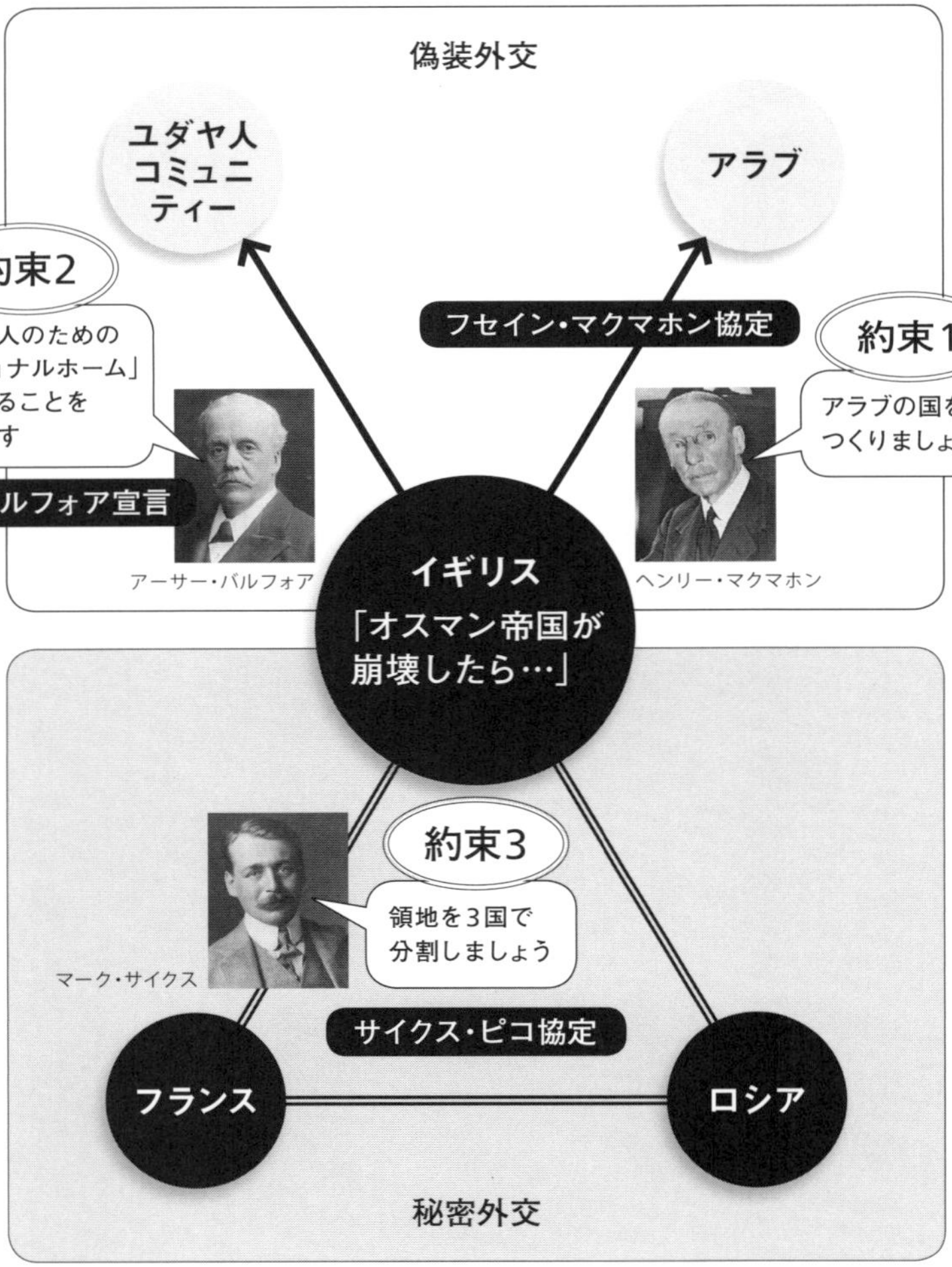
約束2
ユダヤ人のための「ナショナルホーム」をつくることを認めます

写真提供：3点ともGetty Images

領地を3国で分割しましょう
マーク・サイクス

1917年、ロシア革命により帝国崩壊。レーニンらの革命政府により、秘密協定のことが暴露される 。

イギリスのユダヤ人コミュニティーのリーダーに、オスマン帝国が崩壊したら、パレスチナにユダヤ人のための「ナショナルホーム」をつくることを認める、という内容の書簡を送ります。これは裕福なユダヤ人から戦争のための資金を調達したいからでした。

「ナショナルホーム」という表現が微妙でしょう。何となくユダヤ人の国をつくってもいいですよという印象を与えながら、言葉としてはそこをぼやかしています。StateとかCountryとかいうような具体的な表現をせず、Homeというあいまいな表現にとどめたところにイギリスの本音が見え隠れしています。これが「バルフォア宣言」(1917年)です。

アラブ人には、アラブ人の国をつくると言い、ユダヤ人にはユダヤ人の国をつくると言う。しかし、イギリスとフランスで分割しようという密約もしていた。これが文字どおり、イギリスの「三枚舌外交」です(図表⑪)。

Q 今の話で、あれ、おかしいぞと思ったところはありませんか?

——先生はさっき、「サイクス・ピコ協定」を結んでイギリス、フランス、ロシアの3国で分割と話されましたが、ロシアがいなくなっています。

よく聞いていたね。言い忘れたわけじゃないんだ(笑)。ロシアがいなくなったのには大きな理由があります。「サイクス・ピコ協定」を結んだ翌年、1917年3月にロシア革命が起こり、ロシア帝国が崩壊します。11月にレーニンたちの革命政府ができて、旧ロシア帝国時代、こんな秘密協定を結んでいたと暴露したのです。

イギリスは、アラブ側、ユダヤ側の両方から非難を浴びることになりました。

600万人ものユダヤ人が虐殺された

では、オスマン帝国が崩壊したあと、その領土はどうなったのか。イギリスは「三枚舌外交」によってアラブ人、ユダヤ人、そしてフランスとそれぞれ都合のいい密約を結んでいました。

「サイクス・ピコ協定」によってパレスチナは、いったん国際管理地域となったうえでイギリスの委任統治領となります。

そのパレスチナに、「ナショナルホーム」を約束されたユダヤ人たちがどんどん移り住んできます。パレスチナに住んでいたアラブ人たちは、最初のうちはこのユダヤ人たちを新しい住民として受け入れていました。

その後、ユダヤ人をとてつもない悲劇が襲います。1935年にユダヤ人を排斥する法律を定めたナチス・ドイツによる迫害です。第二次世界大戦でナチス・ドイツが降伏するまでの間に、600万人ものユダヤ人が虐殺されたと言われています。これがホロコースト（大量虐殺）です。

ナチスによるユダヤ人の虐殺は、ドイツ国内で行われたと思っている人も多いと思います。実は、当時のナチス・ドイツは広くヨーロッパを占領していました。占領した地域でも、ユダヤ人の大量虐殺を行っています。最も有名なのは、ポーランドのアウシュビッツですね。

そのポーランドで270万人、ソ連で70万人、ルーマニアでは12万人。さらにオランダやフランスでも、ドイツの占領下において多数のユダヤ人が虐殺されました。ドイツ国内で殺害されたのは14万人でした。ドイツより、占領下の国々での虐殺のほうが圧倒的に多かったのです。これは、それらの地域でもユダヤ人差別が深刻だったことを表しています。

第二次世界大戦が終わったあと、ナチス・ドイツによるホロコーストの真相が明らかになります。ユダヤ人の間に自分たちの国を持っていなかったからこんなことになったのだ、ユダヤ人独自の国をつくりたいという思いが広がっていきます。

ユダヤ人たちのスローガンは、「民なき土地に土地なき民を」。土地なき民、つまりユダヤ人のことですね。人がいないところにユダヤ人の新しい国をつくろうという意味です。

あまり知られていないのですが、20世紀初頭にアフリカのウガンダにユダヤ人の国をつくろうという議論がありました。ウガンダは、かつてイギリスの植民地でした。イギリスにいたユダヤ人たちがウガンダにも駐留していた時代があったんですね。

ウガンダは赤道直下の国。ものすごく暑いと思うでしょう。ところが標高が１０００メートルから１５００メートルの土地です。湿度が低くて過ごしやすい。一年中、日本の初夏の軽井沢のような気候です。

ウガンダにいる日本人に聞くと、梅雨のある日本にはもう帰りたくないと言う。それぐらい、快適なところです。でも、ユダヤ人たちにしてみれば、かつて２０００年以上前、自分たちの王国があった場所に国を復活させたい思いがあるわけで、結局、ウガンダに建国する話はなくなりました。もしユダヤ人たちが、ウガンダにイスラエルという国をつくっていたら、今のようなパレスチナ問題は起きなかったでしょうが、ウガンダの人々との間で同じような問題が起こったことでしょう。

国連がパレスチナを分割した

ユダヤ人の「自分たちの王国があった場所にユダヤ人の国を再建しよう」という運動をシオニズム運動と言います。シオンの丘に帰ろうという運動です。その運動を行っているユダヤ人のことをシオニストと呼びます。

ユダヤ人にとっての聖地エルサレムはかつてシオンと呼ばれていました。ユダヤ人は紀元前、ここに王国を築いていました。しかし、1世紀頃ローマ帝国の攻撃によって滅ぼされました。そこにいたユダヤ人たちは、土地を追われ世界中に散らばっていきます。

Q ユダヤ人が散り散りばらばらになったことをなんといいますか？ 世界史で習っていると思いますよ。

――？？？

ディアスポラといいます。文字どおり、ギリシャ語で「離散」という意味です。しかしユダヤ人の王国がなくなったあと、パレスチナと呼ばれるその地域にはアラブ人たちが住みついていました。そこに自分たちの国をもう一度つくりたいと言って、大勢のユダヤ人たちが入ってきました。アラブ人たちにとっても、この地ですでに長い歴史ができています。

2000年前、ここはユダヤ人の土地だったのだからアラブ人は出て行け、というのは横暴で、トラブルが起こらないほうが不思議です。

第二次世界大戦後、パレスチナをめぐって、大変な抗争が起ることになります。

「サイクス・ピコ協定」(p97)のところで説明したように、第一次世界大戦後この地域はイギリスが統治していました。暮らしていたのはアラブ人です。

そこにユダヤ人の過激派が乗り込んで、イギリス軍は出て行けと頻繁にテロを起こすようになります。

1946年には、イギリス軍が司令部を置いていたキング・デイヴィッド・ホテルが爆破されるという事件もありました。ホテルですから、一般の人たちも泊まっています。大勢の宿泊客も犠牲になりました。

決定的な事件が起こります。過激派シオニストたちがイギリス軍の兵士ふたりを殺して、死体を街中《まちなか》に吊るしたのです。その写真がイギリスの大衆紙に掲載されました。

イギリスの若者がなぜはるか遠くの地で犠牲にならなければならないのだという世論が盛り上がります。第二次世界大戦ですっかり力が弱くなっていたイギリスは、もう、パレスチナを統治することができなくなっていました。

この事件を機に、イギリスはパレスチナからの撤退を決めます。パレスチナをどうするかは国連に丸投げしました。

そこに次々とユダヤ人が入植し始め、アラブ人との間でさまざまなトラブルが起きるようになります。

Q 国連は、この問題を解決するために、どんな提案をしたと思いますか？

――ユダヤ人の過激派の行為は許せませんが、ユダヤ、アラブのどちらにもこの土地に住む権利があるような気がします。お互いが自分の土地だと言い張らないで、仲よくできる方法があればいいのですが……。

確かに、そのとおりですよね。国連はどうしたかというと、パレスチナをユダヤ人とアラブ人の土地に分割しようと考えたのです。

どう分割するのがいいか調べるために国連から調査団が派遣されました。この時、ユダヤ人は全面的に協力をしました。自分たちに有利なように話を運ぶためです。

一方、アラブ人にしてみれば、自分たちが住んでいるところをふたつに分割して、新しい国をつくるなんてとんでもないことです。アラブ人は調査をボイコットします。

結果的に、国連の調査団に協力したユダヤ人に有利な分割案が提示されました。

たとえばユダヤ人は、ほとんど人が住めないようなネゲヴ砂漠を欲しいと要求します。国連の調査団から見れば、なんの役にも立たない砂漠をどうして欲しがるんだろうと疑問に思います。でも、反対する理由はありませんから、ネゲヴ砂漠はすべてユダヤ人の土地になりました。

国連による分割案が決議され、1948年にイスラエルが建国されました。そして、世界はようやくイスラエルがネゲブ砂漠を欲しがった理由を知ることになります。実は、ここには天然ウランが埋蔵されていたのです。

Q ウランはなんの原料になるでしょう?

―**核兵器です。**

そのとおりです。もちろん原子力発電にも使えますが、イスラエルはネゲヴ砂漠の地下に、秘密裏に核兵器製造工場を造り、そこに核ミサイルを格納しています。

国連による分割案はパレスチナの56%はユダヤ人に、43%はアラブ人にというものでした。合計しても99%にしかなりませんね。

Q 残りの1%は、誰のものだと決められたのでしょう?

―**わかりません。**

パレスチナには、エルサレムがあります。ここはユダヤ教、キリスト教、イスラム教それぞれの聖地です。三つの宗教の聖地であるエルサレムを、どちらかの国にしたら、大問題になります。ですから、エルサレムだけは、国連の国際管理地ということにしたのです。

パレスチナ難民が生まれた

ところが、イスラエルという国ができたことに対して、エジプトなど周辺のアラブ諸国が猛反発します。イスラエルなんて認めない、と攻撃を仕掛けます。イスラエルなこれが1948年の第一次中東戦争です。この戦いに、イスラエル軍が勝利します。

イスラエルはこの戦いを、独立戦争と呼んでいます。イスラエルが独立宣言をしたら、翌日アラブ諸国の攻撃を受けた。その戦いに打ち勝って、自分たちは独立を果たしたのだというのが、イスラエルの言い分です。

地図⑪—パレスチナの歴史的変遷図

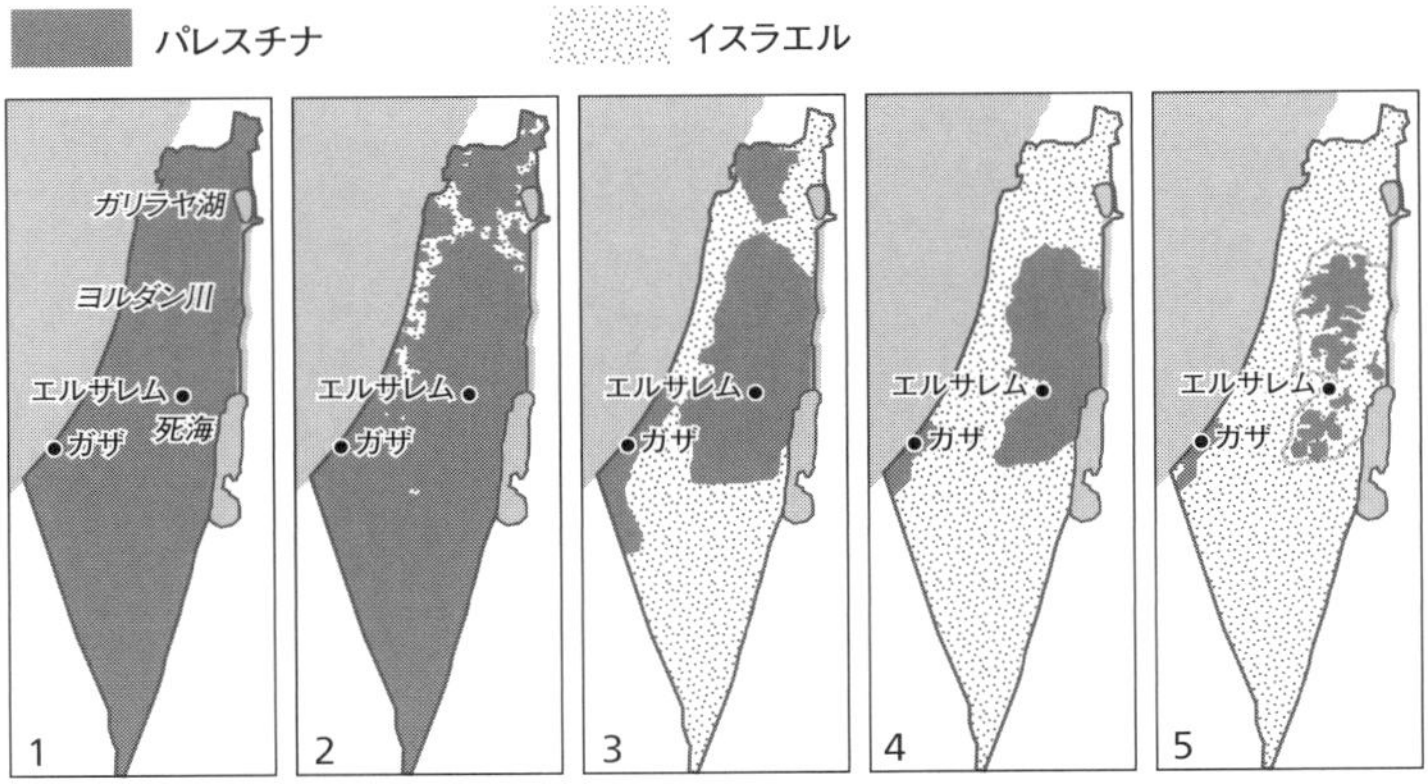

1 イスラエル建国運動以前（1917年）
2 ユダヤ人の入植が始まった頃（1946年）
3 国連による分割案（1947年）
4 第一次中東戦争～第三次中東戦争頃（1948～67年）
5 現在 ヨルダン川西岸地区は壁やユダヤ人専用道路などで細かく分断されている。

第一次中東戦争の結果、イスラエルはパレスチナ全土の77%を占領。残りの地域、ヨルダン川西岸地区はヨルダンが、ガザ地区はエジプトが占領しました。

この時、ヨルダン川西岸地区やガザ地区に大勢のアラブ人が逃げ込みます。パレスチナから逃れてきた人たちという意味で、パレスチナ難民、さらにはパレスチナ人と呼ばれるようになります。もともとは、イスラム教徒やキリスト教徒のアラブ人です。しかしパレスチナ人と呼ばれているうちに民族意識が芽生えます。やがて自らもパレスチナ人だと名乗るようになりました。

こうやって、第一次から第二次、第三次、そして第四次まで4回にわたって中東戦争が起こりました。特に1967年の第三次中東戦争で、イスラエルはパレスチナ全域を占領。アラブ人の国家があったガザ地区、ヨルダン川西岸地区も手に入れ、さらにシナイ半島まで領土を広げました。この結果、大勢のパレスチナの人たちが土地を追われました（p107地図⑪）。

Q 第1章で、イスラム教における「ジハード」の概念を説明しました。覚えていますか？

――イスラムの教えを守るために努力する、という意味です。

そうですね。ということは、イスラム教徒の土地が奪われるようなことがあれば、奪い返すために戦うのは「ジハード」です。イスラエルでは、イスラム教徒が多数を占めるパレスチナ人の土地をユダヤ人が占領しています。イスラム教徒にとって、これは許しがたいことです。パレスチナの土地をイスラエルが占領支配し、パレスチナ人がその土地を追われている事実に対して、世界中のイスラム教徒が怒っています。イスラエルが占領している土地をパレスチナ人が奪い返すための「ジハード」を、世界中のイスラム教徒が支持しているのです。

1964年にパレスチナ人の国土奪還を支援する組織として生まれたのがパレスチナ解放機構（PLO）です。設立当初は穏健な組織でした。

しかし1969年にヤセル・アラファトが議長に就任します。アラファトは、武力によってパレスチナの解放を目指す組織の出身者です。パレスチナ人の権利を奪還するためにイスラエルとも徹底的に戦う姿勢を示しました。PLOは戦闘的な組織へと変貌していき、イスラエルに対して頻繁に攻撃を仕掛けます。

PLOの中には、さらに過激派組織もあります。とりわけ有名なのはパレスチナ解放人民戦線（PFLP）です。また、「黒い九月」と名乗る過激派組織もテロを起こします。最も有名なのが1972年9月5日に発生した、旧西ドイツで開催されたミュンヘンオリンピックにおけるテロです。「黒い九月」のテロリストがイスラエルの選手団の宿舎に侵入。選手とコーチ全員を人質に取りました。

イスラエルに収監されているパレスチナ人234人の解放を要求します。この時、ドイツには対テロ部隊がありませんでした。地元の警察が対応して大失敗するのです。

犯人たちは人質を連れてカイロへの逃走を計画。空港へヘリコプターで移動したところ、待ち構えていた警察官と激しい銃撃戦になりました。「黒い九月」のテロリストの多くは射殺されましたが、自爆を図ったテロリストの巻き添えとなり、人質となっていたイスラエル選手団全員が死亡するという悲劇が起きました。この事件を契機に、ドイツにテロ対策の専門部隊GSG－9が生まれました。

ミュンヘンオリンピックの事件は、テレビで生中継されていました。本当に皮肉なことですが、過激派組織のテロによって、世界はパレスチナ問題を知ることになったのです。

日本人が世界を騒がす

ここで中東から少し離れて、当時の日本に目を向けてみましょう。

1960年代の終わりから1970年代にかけて、日本全国で大学闘争が起こります。

東京大学と日本大学でストライキが続き、東京大学の入試が中止になるなど、大混乱が続きます。その中から、日本国内にも過激派が次々と生まれてきました。

大きな事件を引き起こす組織も現れます。それが、世界同時革命を主張する共産主義者同盟赤軍派です。赤軍派の目的は世界各地に革命の拠点をつくって一挙に革命を起こし、共産主義の世界をつくることです。

まず、共産主義革命を成功させたカストロのいるキューバに行って革命の拠点をつくろうとします。ところが、日本からキューバへ行く飛行機はない。そうだ、日本の近くに北朝鮮という共産主義を目指す国がある。そこは地上の楽園だと宣伝をしている。飛行機を乗っ取って北朝鮮に渡り、軍事訓練を受けさせてもらおう。そして武器を持って日本に戻ってこようと考えたのです。

1970年3月31日、羽田空港から福岡に行く日本航空機を乗っ取りました。この事件を「よど号ハイジャック事件」といいます。

――船には、よく名前がついていますが、飛行機にも名前がついていたんですか？　なぜ「よど号」なんですか？

確かにそうだ。今、名前がついている旅客機はないよね。当時は、まだ飛行機の数が少なかったから、飛行機には全機愛称がついていたんです。日航機の同型機にはすべて日本の川の名前がついていた。「よど号」というのは、琵琶湖から大阪湾へと流れる淀川からとった名前です。ほかにも、「たま」や「とね」など、川の名前がついた飛行機も飛んでいました。

なぜ、簡単にハイジャックができたのか。それまでは飛行機に乗る時に、身体検査や手荷物検査はなんにもありませんでした。現在の厳重なチェック体制しか知らないみなさんには、信じられないかもしれませんね。まるでバスや電車に乗るように、飛行機に乗ることができたんです。この「よど号事件」のあと、危険物を持ち込めないように搭乗前の検査を行うようになったのです。

赤軍派のメンバーは、おもちゃの拳銃やナイフを持ち込んで、ハイジャックは成功します。しかし北朝鮮に行ったメンバーから、連絡が入りません。日本に残った赤軍派のメンバーは、世界同時革命を起こすための次の作戦を考えます。

彼らはイスラエルと戦っているパレスチナ解放機構（ＰＬＯ）に目をつけます。過激派パレスチナ解放人民戦線（ＰＦＬＰ）と連帯しようと、残りの赤軍派メンバーがパレスチナに飛びました。イスラエルのテルアビブ近郊のロッド国際空港で乱射事件を引き起こします。

１９７２年５月30日、日本の若者３人がパリからテルアビブ行きのエールフランス機に乗りました。彼らは大量の機関銃や自動小銃、手榴弾、爆薬などを手荷物に詰め込んで飛行機に預けます。パリの空港でも、まだ荷物の検査はしていなかったのです。テルアビブに到着して、預けてあった荷物をピックアップして武器を取り出し、そこにいるユダヤ人たちに向かって発砲。無差別大量殺人事件を起こしました。イスラエルの警察が駆けつけて銃撃戦となり、3人の赤軍派のうち、ふたりはその場で射殺されました。ただひとり生き残った岡本公三は、逮捕されイスラエルで終身刑を受けます。

ハイジャックに続いて、無差別のテロ事件をやったのも日本人だったのです。彼らは最初から死ぬことを覚悟していました。

日本はもちろん、世界も大きな衝撃を受けました。しかしパレスチナの人たちは大喜びしたのです。はるか遠くから来た日本人が、イスラエルと戦うパレスチナのために命を投げ出してくれた。彼らのテロ行為は大絶賛されます。その頃、パレスチナで生まれた男の子にオカモトやコウゾウという名前をつけた人もいました。

幸か不幸かこの事件のおかげで、パレスチナには親日の人が多いのです。日本から来ましたと言うと、「あなたは、岡本を知っているか?」と聞かれることがあります。

これ以降、海外に渡った赤軍派は日本赤軍と呼ばれます。日本赤軍のハイジャック事件は続きます。１９７７年9月28日には、パリ発の日本航空機を乗っ取って、バングラデシュのダッカに強制着陸をさせます。飛行機の乗客を人質に取って、日本で逮捕されている仲間の釈放と身代金を要求しました。当時の福田赳夫《ふくだたけお》内閣は、悩みに悩んだ挙句、その要求をすべてのみます。服役中の赤軍メンバーや、別の事件で服役している人物などを超法規的措置として釈放し、莫大な身代金を赤軍に渡しました。この時、福田赳夫首相は、「人の命は地球より重い」という有名な発言をしました。

テロリストの要求に屈して、仲間を釈放し、身代金を渡す。テロリストたちはこの身代金を資金として、世界各地でテロを繰り広げることになるわけですね。人質の身代金による資金調達は、自称「イスラム国」など現在のテロリストたちにも引き継がれています。

そのすぐ直後、10月13日には、西ドイツのルフトハンザ機が、ＰＦＬＰのメンバー４人よってハイジャックされます。この事件の背後には西ドイツの赤軍も関与していたと言われています。

彼らは、その1か月前に誘拐事件を起こし、西ドイツの刑務所に収監されている仲間11人の釈放と多額の現金を要求していました。しかし、西ドイツ政府がこれに応じなかったために、ハイジャックを企てたのです。ハイジャック機は中東の空港を点々としたあと、犯人によって機長は射殺され、ソマリアのモガディシュ国際空港に着陸します。

この事件では、ミュンヘン事件をきっかけに設立されていた西ドイツのＧＳＧ－９という特殊部隊の活躍によって、人質全員を無事救出することに成功しました。テロに屈した日本と、果敢に戦った西ドイツ。世界中の人々の目に好対照に映りました。ここから日本政府のトラウマが始まるわけですね。イラクで香田証生さんが捕まった時に、小泉総理が「テロには屈しない」と発言したのは（第2章p68）、この事件が念頭にあったのです。

ノルウェーが中東問題の糸をほぐした

パレスチナの過激派が関与するテロが起きる。それには日本赤軍の若者たちが起こしたテロ事件が強い影響を与えた、ということなんですね。こうして世界は、パレスチナ問題を知るようになります。そこで、パレスチナとイスラエルの仲介役として名乗りを上げたのがノルウェーです。

Q　ノルウェーにとっては、まったく関係のなさそうな問題です。なぜ、仲介

役を買って出たのでしょう?

——**わかりません……。**

ノーベル平和賞を授与するのは、ノルウェーのオスロですよね。平和賞以外のノーベル賞は、すべてノーベルの出身地であるスウェーデンのストックホルムで行われます。ノルウェーには、ノーベル平和賞を選ぶのは私たちの国だという誇りがあります。世界平和に少しでも貢献しようという意欲が非常に強いのです。

中東で、パレスチナとイスラエルがもめている。我が国で平和交渉すればいいじゃないかと提案しました。1993年、イスラエルとPLOは、ノルウェーの首都オスロで秘密交渉を行いました。ここでまとまったのが「オスロ合意」です。

イスラエルは占領しているガザ地区とヨルダン川西岸地区から撤退し、パレスチナの自治を認める、という内容です。まだまだ十分に解決されてはいないのですが、オスロ合意にこぎつけたのは、ひとえにノルウェーの努力です。

ところが、最後になってまたアメリカがしゃしゃり出てきます。アメリカがオスロ合意の証人になりましょうと、クリントン大統領(当時)が、パレスチナとイスラエルの両方の首脳をホワイトハウスに招いて調印式を行いました。調印後、両首脳が握手をしている有名な写真が残っています(写真③)。まるでアメリカがオスロ合意を実現させたように見

図表⑫—**ユダヤ人の「自分たちの国」建国への歩み**

第二次世界大戦前〜	ヨーロッパ各地でユダヤ人が差別や迫害を受ける。ヒトラーのナチス・ドイツでは1935年、ニュルンベルク法により、ユダヤ人の公民権を奪い、強制収容所に収容。600万人ものユダヤ人が大量虐殺(ホロコースト)される
第二次世界大戦後	ユダヤ人の間で、「民なき土地に土地なき民を」をスローガンに建国運動が始まる
	「シオニズム」運動が加速
1946年	「サイクス・ピコ協定」により、イギリスが統治していたパレスチナ(昔ユダヤの王国があった場所)にユダヤ人難民の入植進む
1947〜48年	過激派シオニストによるテロが頻発。イギリスがパレスチナから撤退開始。パレスチナ問題は国連に丸投げ
	パレスチナへのユダヤ人の入植が本格化し、アラブ人との争いも激化
	国連が分割案を提示。パレスチナの56%はユダヤ人に、43%をパレスチナ人に、エルサレムは永遠に分割されることがない国連の管理地とするもの。ユダヤ人は受け入れるも、アラブ諸国がこれに猛反発
1948年	5月14日、イスラエル独立宣言
	独立宣言が承認されたことに対し、アラブ諸国が蜂起。第一次中東戦争へ
	第一次中東戦争の結果→イスラエルがパレスチナの77%を占領。残りのヨルダン川西岸地区はヨルダン、ガザ地区はエジプトが占領
1956年	**第二次中東戦争**
1967年	**第三次中東戦争**
1973年	**第四次中東戦争**
1993年	イスラエルとパレスチナ解放機構がノルウェーで平和交渉
	9月13日、アメリカのクリントン大統領の音頭で、ホワイトハウスにて調印式
	「オスロ合意」の結果、イスラエルは占領しているガザ地区とヨルダン川西岸地区から撤退し、パレスチナの自治を認める

1972年、テルアビブの空港で、日本赤軍による無差別大量殺人事件

写真③—暫定自治宣言の調印式で、握手するPLOのアラファト議長（右）とイスラエルのラビン首相。中央はクリントン米大統領｜写真提供：ロイター・共同

えます。ですが、実はノルウェーの功績でした。

オスロ合意を受けてガザ地区はパレスチナ自治政府のものになっていますが、ヨルダン川西岸地区にはまだイスラエル側が手放していない土地があります。ユダヤ教の原理主義的な考え方の人たちが、ここはすべて神様からもらったユダヤ人の土地だ、とパレスチナに渡すことを反対し続けているのです（図表⑫）。

イスラエルの首都は、テルアビブか？　エルサレムか？

現在に続く中東問題の真ん中で揺れ動いているのが聖地エルサレムです。私はイスラエルで、エルサレムのユダヤ教、キリスト教、イスラム教の聖地とされる場所やそれぞれの居住区も取材しました。

かなり狭いエリアなのですが、ユダヤ教の地域からイスラム教の地域に足を踏み入れたとたん、がらっと雰囲気が変わって驚いたことを覚えています。

１９６７年に始まった第三次中東戦争によってイスラエルはエルサレムの全域を占領し、「分割されない永遠の首都」だと宣言しました。つまり、エルサレムはすべてユダヤのもので、キリスト教、イスラム教と分割することはできないという宣言です。

イスラエル政府に首都はどこですかと聞くと、エルサレムだと答えます。イスラエルで発行されている地図帳を見ても首都はエルサレムになっています。

しかし、このイスラエルの主張は世界的には認められていません。国連の分割決議に基づいて建国されたイスラエルの首都はテルアビブとなっています。国際的に大使館はその国の首都に置くことになっています。ですから、日本大使館はもちろん各国の大使館はすべてテルアビブにあります。

ところが２０１７年１月、アメリカでトランプ大統領が就任しました。トランプ大統領は選挙中、イスラエルの首都はエルサレムだからアメリカ大使館をテルアビブからエルサレムに移すと言っていました。

とりあえず２０１７年５月末には、「移転を半年見合わせる」と言いましたが、今後はわかりません。もし実行したら、アメリカは国連決議に反した行動に出ることになります。そうなるとイスラム教徒の強い憎しみの対象となるはずです。そしてキリスト教徒にとってもこれは大問題なのです。

Qトランプ大統領は、なぜそんなことを言うのでしょう？

――トランプは、大統領選挙中、イスラム教徒はテロリストだと言っていました。イスラムが

写真④—トランプ大統領とイスラエルのネタニヤフ首相、中央は大統領上級顧問のクシュナー｜写真提供:©ZUMA Press/amana images

嫌いだから、ユダヤに肩入れするのでしょうか……。

なるほど。よくニュースを見ていますね。実は、トランプ大統領の娘イヴァンカの夫、クシュナーは厳格にユダヤ教の教義を守る信仰の深いユダヤ教徒です。

イヴァンカもクシュナーと結婚するためにユダヤ教に改宗しています。ユダヤ教に改宗するためには、聖書やヘブライ語の学習はもちろん、ラビと呼ばれる指導者のもとに通ってユダヤ教の戒律を身につけなければなりません。かなり大変です。

なぜそこまでして、イヴァンカはユダヤ教に改宗したのか。正統派ユダヤ教徒であるクシュナーは自分の子どもをユダヤ人にしたかったからでしょう。

何をもってユダヤ人だと定義するのか。ユダヤ人だと認められるのは、ユダヤ人の母親から生まれた子どもと、ユダヤ教への改宗が認められた人だけです。ユダヤ人の父親とキリスト教徒の母親の間に生まれた子どもは自動的にはユダヤ人とは認められません。だからイヴァンカは夫の要求に応えてユダヤ教に改宗してユダヤ人になったのです。

トランプ政権のさまざまな政策は、クシュナーがつくっています。アメリカ大使館をテルアビブからエルサレムに移すというのも、クシュナーの主張ではないかといわれています。

第4章
「イスラム教」から見る中東

イスラム教とユダヤ教とキリスト教は、同じ神様を信じている

ここからは中東の多くの国々で信じられている、イスラム教について学んでいきましょう。

Q イスラム教は戒律の厳しい宗教だと言われています。イスラム教の戒律の中で、知っているものはありますか?

——断食をします。

——豚肉を食べない。

——一日に何度もお祈りをする。

——女性はスカーフのようなものを被っています。

——お酒も飲んではいけないと聞いたことがあります。

みなさん、よく知っていますね。イスラム教には、そのほかにもさまざまな決まりごとがあって、イスラム教徒たちはそれを守りながら暮らしています。このあとで詳しく説明

しますが、イスラム教徒の生き方に『コーラン』はいろいろな影響を及ぼしています。
アルカイダや自称「イスラム国」によるテロなど、過激なイメージのあるイスラム教ですが、いったんそういう先入観はすべて捨ててイスラム教の本当の姿を見ていきましょう。

Q イスラム教では、神様はなんと呼ばれているでしょう。

――「アッラー」です。

そうですね。イスラム教は、唯一絶対の神様「アッラー」を信じています。こういう宗教を一神教と言います。

それに対して日本の神道は多神教。『トイレの神様』なんて歌もあったくらいで、ありとあらゆるところに神様がいます。山にも海にも、草花にも神様がいる。ヒンズー教やギリシャ神話にもたくさんの神様が登場します。

私たちは多神教の国で生まれ育ったので、イスラム教、キリスト教、ユダヤ教それぞれに唯一絶対の神様がいるような錯覚を起こします。

実は、この三つの宗教はすべて同じ神様、つまりこの世界をつくった唯一絶対の神様を信じているのです。

その神様のことをアラビア語で言うと「アッラー」となり、ヘブライ語では「ヤハウェ」

となり、英語では「ザ・ゴッド」となります。イスラム教もユダヤ教もキリスト教も同じ神様を信じているんだということを最初に理解しておいてください。

エジプトにコプト教というキリスト教の一派がいます。彼らの言語はアラビア語です。キリスト教徒なのですが、彼らは神様のことをアッラーと呼びます。

「アッラーの神に祈る」という表現をする人がいますが、これは誤りだということがわかりますね。「アッラーの神」というと「神様の神様」という二重の意味になってしまうのです。

ユダヤ教とキリスト教とイスラム教、この三つの宗教は親子あるいは兄弟のような関係にあります。ですからイスラム教を知るためには、ユダヤ教とキリスト教を知らなければなりません。

私たちが聖書と呼んでいるものには、『旧約聖書』と『新約聖書』があることは知っているよね。それぞれどんなものなのか。簡単にお話ししましょう。

Q『旧約聖書』を読んだことがある人はいるかな？ その冒頭には何と書いてあったか覚えていますか？

――英語の聖書しか読んだことがないので、英語でもいいですか？ 「And God said, let

there be light: and there was light.」です。

さすが国際高校だね。初めに神様が天と地をつくり、「光あれ」と言った。すると光が生まれます。神様は光と闇を分け、光を昼と名付け、闇を夜と名付けます。そして、神様は6日間かけてこの世界を形づくります。

そして、7日目に休息を取りました。これが1週間の概念です。1週間を単位とする私たちの生活スタイルは『旧約聖書』から来ているんですね。

ここから「創世記」つまり神様がこの世界をつくった話が始まります。神様は自らの姿に似せてアダムをつくります。アダムひとりだけじゃ寂しいだろうと、アダムのあばら骨を取って、イブをつくる。そしてアダムとイブをエデンの園に住まわせます。

エデンの園にはありとあらゆるものがあって、ふたりは幸せに暮らします。しかしその真ん中に知恵の実がなる木がありました。この実だけは食べてはいけないと神様に言われていたのに、蛇にそそのかされたイブが知恵の実を食べてしまう。さらにイブに誘惑されたアダムも知恵の実を食べます。

知恵がついたとたん、裸で暮らしていることが恥ずかしくなったふたりは、それぞれ体の大切なところをいちじくの葉で隠します。その姿を見た神様は、アダムとイブが知恵の実を食べたことを知り、エデンの園から追放します。これが楽園追放、いわゆる失楽園です。

そして神様は、男は自ら汗を流し、硬い土を耕して食べるものをつくり出さなければならない。女は死ぬような苦しみの中から子どもを産まなければならないと定めます。ここから人類のさまざまな歴史が綴られ、箱舟に乗ることを許されたノアの子孫が自分たちユダヤ人である、ユダヤ人は神に選ばれた民であるという考え方が生まれます。神はモーセをユダヤ人の指導者に選び「カナンの地」へ戻るよう命じます。この「カナンの地」こそが、現在のイスラエルがあるパレスチナ地方です。

ユダヤ人にとっての神話や歴史が描かれている、これがユダヤ教徒にとっての『聖書』です。

――『旧約聖書』じゃないんですか？

そうだね。これについてもちゃんと説明しないといけませんね。今ユダヤ教の『聖書』だと言いました。同じ『聖書』がキリスト教では『旧約聖書』と呼ばれます。なぜそう呼ばれるのか。このあとキリスト教の歴史と一緒に説明しましょう。

イエス・キリストはユダヤ教徒だった

今から2000年ほど前、現在のパレスチナのあたりに、イエスという男の子が生まれます。未婚のマリアが、イエスを産んだ。いわゆる処女懐胎です。

イエスというのは、当時ごくよくある男の子の名前でした。昔の日本なら太郎、次郎と同じような名前です。

成長したイエスは、ユダヤ教の考え方に疑問を持ち、改革運動を始めます。ユダヤ教では、ユダヤ教徒が神に選ばれた民であり、神に救われる唯一の民族だという考え方です。しかしイエスは「それはおかしい。ユダヤ教徒ではなくとも神を信じるものすべては救われる」と説いたのです。ユダヤ教の幹部たちの怒りを買ったイエスは捕らえられ、十字架にかけられて処刑されます。

なぜイエスは十字架にかけられたのか。当時のパレスチナのあたりはローマ帝国が支配していました。イエスはローマ帝国に引き渡され、そこで死刑の判決が下されました。実は、ローマ帝国の死刑執行の方式が、十字架だったのです。罪人の体を釘で十字架に打ちつけて、下から脇腹を刺して殺す。残酷な方法ですね。

中世の宗教画を見ると、イエスのほかにふたりの犯罪者が十字架にかけられています。イエスのために特別な死刑執行が行われたようなイメージを持っている人もいるかもしれませんが、一般の犯罪者と一緒に処刑されたのです。イエスが磔《はりつけ》になった場所、それがゴルゴタの丘です。現在、エルサレムのその場所には聖墳墓教会が建てられています。

死刑が執行されたあと、イエスは埋葬されます。ところが、3日後に行ってみるとお墓が空っぽになっていた。そのあとすぐ、イエスがあちこちで復活をし、さまざまな奇跡を起こし、天に昇っていったという話が広がります。イエスこそが救世主ではなかったのかという声が沸き起こります。

ユダヤ教には救世主信仰というのがあります。唯一絶対の神様、その神様によってつくられたこの世界は、やがて神様によって終わりがもたらされるだろう。始めがあるんだから、終わりもあるという考えです。

でも、この世の終わりが来るなんて聞くと、私たちだって不安になるでしょう。でも、大丈夫。この世の終わりが来る時には、必ず救世主が現れて私たちを導いてくれる。これがユダヤ教の考え方です。ユダヤ教のあとに成立する同じ一神教であるキリスト教にも、救世主信仰があります。

キリストとは「救世主」を意味します。イエスこそがキリストではなかったのか、と考えるユダヤ人が増えてきました。その人たちがキリスト教徒と呼ばれるようになったのです。

――イエスが死んだあとにキリスト教ができたのですか?

イエスがキリスト教の指導者のように思うかもしれないけれど、イエスはユダヤ教徒として生まれ、ユダヤ教徒として死んでいったのです。キリスト教と呼ばれるようになったのは、イエスの死後弟子たちがイエスの教えを広めていったからなんです。

そして、ユダヤ教の改革者であったイエスが生前に語っていた言葉やイエスが起こしたとされるさまざまな奇跡の逸話が、死後100年から200年も経ってからまとめられたのが『新約聖書』なのです。

ここで先ほどの『旧約聖書』と『新約聖書』の話に戻ります。

キリスト教は『新約聖書』に対してユダヤ教の『聖書』を旧約とした。つまり『旧約聖書』はキリスト教の立場からの呼び方なのです。

ユダヤ教徒の人たちの『聖書』を『旧約聖書』というと、ユダヤ教の人は怒ります。ユダヤ教にとっては、旧約でも新約でもなく『聖書』だからです。

Qキリスト教の『新約聖書』。これはどんな意味だかわかりますか？　漢字に注目して考えてください。

――あれっ？　翻訳の「訳」じゃないんですね。

新訳だと、『聖書』を新しく訳し直したという意味になっちゃいますね。この場合の『新約』というのは、新しい約束。つまりイエスが神様からこの世界につかわされたことによって、神様と人々が新たに結んだ契約、という意味です。

そしてキリスト教においては、ユダヤ教の『聖書』は古い契約という意味で『旧約聖書』と呼ばれるようになりました。

――**イエスはユダヤ教徒によって殺されたのですよね。でもなぜ弟子たちはユダヤ教の『聖書』を旧約として残したのですか?**

いい質問ですね。イエスは、ユダヤ教徒です。新しい宗教をつくろうとしていたわけではなく、ユダヤ教を改革してもっとよくしようと考えていました。だからユダヤ教の『聖書』の内容に基づいています。弟子たちはイエスの教えを伝えるために、それらの話も合わせて残す必要があったのです。

しかし、イエスを殺したのはユダヤ教徒です。キリスト教徒たちは決してよい感情を持っていたわけではありません。この感情が、のちにキリスト教徒によるユダヤ人の迫害へとつながっていくのです。

ムハンマドが神様の声を聞いた

さあ、いよいよイスラム教です。6世紀の終わり頃、アラビア半島のメッカ（現在はサウジアラビアのマッカ州の州都）にムハンマドという男の子が誕生します。成長したムハンマドは商売で頭角を現します。そして25歳の時に15歳年上の未亡人ハディージャと結婚します。彼女は死別した夫が資産家だったので裕福でした。妻ハディージャから支援も受けてムハンマドの商売は繁盛、平穏な暮らしをしていました。

ところが40歳を迎えると、自宅のすぐ近くの洞窟にこもり瞑想にふけるようになりました。ある夜突然、後ろから何者かに羽交い絞めにされ、空から「誦《よ》め（読め）」という声が聞こえます。

しかし、ムハンマドは読み書きができません。「私は誦めません」と答えます。ところが、さらに「誦め」と言う声が聞こえます。

実は神様の言葉が天上界に書いてあって、天使がそれを読み上げるから、それに続いて復唱しなさい、という意味でした。それはあとになってわかるのですが、ムハンマドは最初、驚いて羽交い絞めをはねのけ、家に逃げ帰ります。そして、ハディージャの胸の中に飛び込んで、こんな怖い思いをしたんだと話します。ハディージャは「あなたは神の言葉を聞いたのよ。それを人々に伝えなければいけないわ。あなたは神の啓示を受けるのにふさわしい人間なのよ」と言って、最初の信者になりました。

ムハンマドは、そのあと次々に神様からの啓示を受けたとして、その言葉を人々に伝えるようになります。ムハンマドが「預言者」と呼ばれるようになったゆえんです。未来を予言する人じゃありません。神様の言葉を預かる人。だから預言者と書きます。イスラム教にもモーセやノアなどたくさんの預言者が出てきます。一神教の場合、神様は人間全員に伝えるわけじゃないんですね。預言者を選んで、その人に神様の言葉を伝える。神様の言葉を預かった預言者が周りの人々にそれを伝えていくというのが一神教の構図になっています。

ところがキリスト教は少し違っています。イエス・キリストは、預言者ではなく「神の子」だといわれています。

しかし、ユダヤ教から見れば、イエス・キリストはただの人間です。イスラム教から見れば、イエスも神様の言葉を預かった預言者という位置づけになります。尊敬すべき存在ではあるけれども、イエスも一般の人間だと考えます。

――読み書きのできないムハンマドは、どうやって神の言葉を広めていったんですか？

実はムハンマドの周りにも読み書きができる人はほとんどいなかったのです。ムハンマドは神様から預かったという言葉をひたすら記憶し、言葉にして伝えます。それを一生懸命暗唱するというやり方で信者の間に広めていったのです。

ちなみにムハンマドを羽交い絞めにして、神様の言葉を伝えた天使の名前は、ジブリールといいます。アラビア語でジブリール。ヘブライ語ではガブリエルです。

Q 天使ガブリエルは、キリスト教の『新約聖書』にも登場します。有名な場面ですが、知っていますか？

——『受胎告知』の場面です。その様子を描いた絵が教科書に載っていました。

レオナルド・ダ・ヴィンチやエル・グレコの絵画でも有名な場面ですね。マリアのお腹の中に、まだ結婚前なのに赤ちゃんが宿ります。天使ガブリエルが現れて、「あなたは神の子を授かりました。男の子が生まれるからイエスと名付けなさい」と伝えます。

天使は何人もいるのですが、その中でミカエルやラファエルとともに、大天使という位置にいるのがガブリエル。神様の言葉を人間に伝える通訳の役目をしているのです。人間は神様の言葉を直接聞くことができない。天使ガブリエルが人間の言葉に翻訳して、人々に伝えるというわけです。

イスラム教においては、天使ジブリールがムハンマドに神様の言葉を伝えたのです。

ムハンマドが死ぬと、もう神様の言葉を預かってくる人はいなくなります。信者たちは、ムハンマドが伝えた言葉を一生懸命に記憶していました。当時は、アラブの諸部族とイス

ラム教徒との間で頻繁に戦争が起こってい
て、多くの人が死んでいました。
神様の言葉を覚えている人たちがみんな死
んでしまったら、神様の言葉が伝わらなくな
ります。そこで読み書きができる人が、みん
なが覚えている神様の言葉を記述していった
のです。これが『コーラン』です（写真⑤）。
神様はそもそもユダヤ教徒に神様の言葉と
しての『聖書』を与えた。しかしユダヤ教徒
たちは神様の言いつけを守らずに、乱れた生
活をしている。神様は、イエスに改めて神の
言葉を伝えた。ところが、キリスト教徒たち
も神様の言葉を守っていない。そこで神様は
最後の預言者として、ムハンマドを選び、神
様の言葉を伝えた。
イスラム教徒からすれば、『旧約聖書』も『新

写真⑤—イスラム教の聖典『コーラン』｜写真提供:PPS通信社
イスラム教の世界観から信者の規範・法律までを網羅する。コーランとは「読誦すべきもの」という意味。そのため、信者は声に出して読むことが義務づけられている。

約聖書』も『コーラン』もすべて神様の言葉を書き記した大事なもの。とりわけ、最後の最後に与えられた『コーラン』が最も大切なもの。それがイスラム教徒にとっての『コーラン』の位置づけです（図表⑬）。

『コーラン』の中には、「啓典の民」という言葉が出てきます。同じ神様から預かった大切な聖書を信じている者という意味です。同じ神様を信じるユダヤ教徒もキリスト教徒も大切に扱わなければいけないと『コーラン』に書かれているのです。

今、自称「イスラム国」などのイスラム過激派が、ユダヤ人やキリスト教徒を殺しています。一般のイスラム教徒の中からは、同じ啓典の民に刃を向ける連中はイスラム教徒ではない、という批判が湧き出ています。

図表⑬—**ユダヤ教、キリスト教、イスラム教の違い**

		ユダヤ教	キリスト教	イスラム教
神		唯一絶対の神（一神教）		
神の呼称		ヤハウェ（ヘブライ語）	ゴッド（英語）＊	アッラー（アラビア語）
聖書の解釈	旧約聖書	唯一の聖書（旧約聖書とは呼ばない）	聖書（古い約束）	聖書
	新約聖書	——	聖書（新しい約束）	聖書
	コーラン	——	——	最後の聖書（啓典）
重要人物の解釈	モーセ	預言者	預言者	預言者
	イエス	信徒（反逆者）	神の子	預言者
	ムハンマド	——	——	最後の預言者

イスラム教の『コーラン』にはユダヤ教徒もキリスト教徒も同じ「啓典の民」とある。
＊キリスト教では各国の神を表す言葉で呼ばれる

ムハンマドは、偶像崇拝を禁止した

イスラム教は、偶像崇拝を禁止しています。偶像崇拝とは、絵や彫刻または自然の中にある目に見えるものを霊的な対象として崇拝・礼拝することです。ユダヤ教もキリスト教もイスラム教もこれを禁じています。ただ、キリスト教では、信仰の助けになるということから、容認している宗派もあります。しかし、ことイスラム教においては、偶像崇拝を厳しく否定しています。それはムハンマド自らが禁じたからです。

ムハンマドは、生まれ故郷のメッカで布教を始めます。当時のアラブ地域は、まだ統一されておらず、さまざまな部族が点在して勢力を争っていました。

その中にはキリスト教徒やユダヤ教徒もいましたが、多くの部族は古代から伝わるアラビア神話の神様を信じていました。

ギリシャ神話同様、アラブの神話にも神様がたくさん出てきます。いわゆる多神教です。その人たちはいろんな神様の偶像をつくり、拝んでいました。

イスラム教はなかなか受け入れられません。自分たちの部族からも迫害を受けるようになり、一時ヤスリブという街に移住します。622年のことです。この移住を「ヒジュラ」

といいます。イスラム教において「聖遷（聖なる移動）」の意味を持つ、非常に重要な年です。イスラム教徒たちはその年を紀元元年と定めたヒジュラ暦を使います。

ムハンマドたちは、ヤスリブで根気よく布教を行い、信者を増やします。やがてイスラム共同体がつくられ、ムハンマドはその指導者となります。ヒジュラによってムハンマドは神様の言葉を伝える預言者から、イスラム教の指導者となった。だからイスラム教徒にとって、重要な出来事だとされているのです。

ムハンマドたちが移り住んだヤスリブは、預言者の街という意味の言葉を短くして「メディナ」と改名されました。メッカと並びメディナもイスラム教の聖地とされています。

そして再び、ムハンマドは大きな勢力となったイスラム教徒を率いてメッカに戻って来ました。メッカにはカアバ神殿というイスラム教徒が礼拝を行う場所があります。ムハンマドたちが戻って来るまでに、そこにはさまざまな神様の偶像が置かれていました。イスラム教において神様は唯一絶対の存在。人には見えません。そんな神様の像を人間につくれるはずはないのです。ムハンマドは、それらをすべて打ち壊し、偶像をつくること（偶像崇拝）を禁じます。

イスラム教では、ムハンマドの絵を描いたり、像をつくったりすることも偶像崇拝につながるとして禁じられています。

2015年1月7日、フランスで風刺新聞を発行している「シャルリー・エブド」がイスラム過激派のテロリストによって襲撃されました。その直接的な原因も、フランス人の記者たちが偶像崇拝の意味を軽く考えていたからだといわれています。

「シャルリー・エブド」は、それまでもムハンマドの肖像を題材にした風刺画をたびたび掲載し、イスラム教徒の反感を買っていました。しかも前年（2014）12月31日号の新聞には、「フランスではいまだに襲撃事件がまったくない」という見出しで、イスラム過激派のテロリストたちを茶化すような絵を載せていたのでした。

すべては『コーラン』に従う

Qさて、ムハンマドが開いたイスラム教ですが、そもそも「イスラム」とは、どんな意味でしょう?

――ムハンマドがつけた名前だから、アラビア語だとは思いますが、意味まではわかりません。

ムハンマドが始めたのだからムハンマド教でいいじゃないかと思う人もいるかもしれませんね。「イスラム」とは、アラビア語で「平和」や「平安」を意味する「サラーム」という言葉から生まれました。

「イスラム」には「神に帰依《きえ》する」という意味があります。神様に帰依するとはどういうことか。簡単にいえば、「すべてを神様にゆだねる」ことです。

すべての出来事の結果は、神様によるものだという考え方です。私の人生、運命は神様がお決めになることだと考えれば、なんとなく心が楽になるでしょう。何があっても、穏やかに暮らせます。こういう考え方が根本にあるから、イスラム教は世界の人々に受け入れられ、広がっていったのではないでしょうか。

また「イスラム」という言葉自体がこの宗教そのものを意味します。厳密にいえば、「イスラム教」という表現は正しくありません。しかし、日本ではユダヤ教、キリスト教、仏教など宗教の名前には「教」がついています。イスラムだけ、教をつけないのはなんだかおかしいよね、ということで慣例的に「イスラム教」と表記されます。

ユダヤ教、キリスト教、イスラム教すべてのもとになっている『旧約聖書』、つまりユダヤ教の『聖書』は冒険譚のような物語の中でユダヤの歴史が語られています。「天地創造」「ノアの箱舟」「十戒」など映画になるようなスペクタクルあふれる面白い物語もいっぱい記されています。日本の『日本書紀』や『古事記』の国つくり神話にも通じるものがあります。

キリスト教の『新約聖書』は、イエスの言行録。弟子たちがイエスの教えをまとめたものです。イエスはどうしてこんなことを言ったのだろうかと、考えながら読むことができます。

では、イスラム教の啓典『コーラン』は、どういう内容なのか。そこには、ムハンマドがアッラーから受けた啓示、神様から伝えられたとされる言葉が、そのまま書いてあるのです。ひたすらアッラーはこう言われた、ということが書いてある。私も日本語訳を読みましたが、正直言って読み進むのが大変でした。

『コーラン』とは声に出して読むものという意味。ですから、イスラム教徒の礼拝を見ると独特のリズムで『コーラン』を読み上げています。

イスラム教には『コーラン』に次ぐ第二の聖典といわれる『ハディース』があります。『ハディース』には、ムハンマドが日常生活の中で語った言葉や行動が記されています。

イエスの言行録が『新約聖書』だとすると、ムハンマドの言行録が『ハディース』です。『ハディース』を読むと、どんな時に神様は人間たちにこんなことを言ったのかがうかがい知れるようになっています。

イスラム教は、神の教えに忠実であるがゆえに、戒律の厳しい宗教としても知られています。その基本が「六信五行《ろくしんごぎょう》」です。イスラム教徒は『コーラン』の教えに基づいて、天国に行くために六つのこと（「アッラー」「天使」「啓典」「預言者」「来世」「天命」）を信じ、五つの行い（「信仰告白」「礼拝」「断食」「喜捨」「巡礼」）を守らなければなりません（p144図表⑭）。

最初に、みなさんに質問したイスラム教の戒律、それはすべて『コーラン』の中に書かれている「六信五行」に基づくものなのです。

たとえば、「豚肉を食べてはいけない」という戒律。これはユダヤ教の教えから来ているもので、ユダヤ教徒も豚肉は食べません。もちろん『コーラン』にも、豚肉を食べてはいけないと書いてありますが、その理由は記されていません。

『コーラン』には、食べてはいけないものとして、動物の死骸、病気で死んだ動物、そして豚肉が出てきます。前後の文脈から、その当時アラビア半島で豚の病気がはやっていて、豚肉を食べると危険だから禁止されたのではないかと、推測されます。

しかし、イスラム教徒にとって、なぜ食べてはいけないかという理由は必要ありません。『コーラン』にそう書いてあるから食べないのです。神様の言葉を信じているから、『コーラン』に書かれていることに対して疑いを持たないのです（p145図表⑮）。

一方で、お酒をなぜ飲んではいけないのか、それについてはちゃんと理由が書かれています。お酒を飲むと酔っぱらってけんかをしたり、神様のことを忘れがちになったりする。だからお酒を飲むのはいけないことだと。

図表⑭―**イスラム教の六信五行**

六信（イスラム教徒が信仰する六つのもの）	
アッラー	唯一絶対の神
天使	神と人間の間にいて神の言葉を伝える
啓典	コーラン
預言者	ムハンマドが最後の預言者
来世	この世の終末のあと、人は生前の姿に戻され、神により最後の審判を受ける。生前の信仰や行為により天国に行くか地獄に行くかが決められる
天命	この世で起こるすべて、人間の行為のすべては、あらかじめ神によって定められている

五行（真のイスラム教信者になるための五つの行い）	
信仰告白（シャハーダ）	「アッラーのほかに神はなし、ムハンマドは神の使徒なり」とアラビア語で唱える
礼拝（サラート）	一日5回メッカの方角に礼拝する。夜明け頃、正午頃、午後、日没頃、就寝前の5回
断食（サウム）	ラマダン月（ヒジュラ暦の9月）の1か月、日の出から日没まで食事をしない
喜捨（ザカート）	財産の一部を差し出す。収入の2～2.5%が目安で、税金として納めることを義務づけている国もある。困った人たちのために使われる
巡礼（ハッジ）	巡礼月に聖地メッカに行き、お祈りすること。毎年行かなくてもよいが、せめて一生に一度は行くことが望ましいとされている

写真⑥―礼拝する信者｜写真提供：PPS通信社

そうすると、神様のことを忘れがちにならない程度だったら、飲んでもいいだろうと解釈する人も出てくるんですね。理由が書かれていないとそのまま守って、理由が書いてあると都合のいいように解釈する。不思議なものですね。

先ほどイスラム教の戒律で断食をあげた人がいましたね。イスラム教では、ヒジュラ暦の9月は、日の出から日没までの間、食事を摂ってはいけないことになっています。これをラマダンといいます（p146図表⑯）。2016年、私はラマダン期間中のアラブ首長国連邦を取材しました。

図表⑮—イスラム教でやってはいけないこと

イスラム教には『コーラン』に基づいて、禁忌（ハラム）とされることが具体的に定められています。道徳に反する行為は、もちろん禁じられていますが、以下は、イスラム教特有の禁止行為をあげました。

偶像崇拝	信仰の対象となるものをつくったり、拝んだりしてはならない
女性が公の場で肌を出すこと	女性は尊重すべき存在なので、肌を露にして男性の性的欲求を刺激してはならない
男性の服に金（きん）や絹を使うこと	信仰にふさわしい服を着用するという教え。気候や危険など外部からの影響を受けにくく、肌の露出の少ないもの、また清潔を保つため、白が好まれる
酒を飲むこと	酔うと礼拝を忘れたり、神のことをおろそかにしたりするため酒を飲んではいけない
豚肉を食べること	『コーラン』で禁じているから。また、死骸や病気で死んだ動物の肉も食べてはいけない
左手を握手や物の受け渡しに使うこと	左手はトイレでの後始末に使う手なので不浄。食事も必ず右手で食べる
賭け事をすること	富は正当な仕事を通じて得るものであるから、いけない。
利子を取ること	『コーラン』に「アッラーは商売を許したが、利子を取ってはいけない」とある

断食と聞くと、厳しすぎるもののようなイメージがあります。ところが行ってみると、お祭りというか、イベントに近い感じでした。断食が明ける日没を待ってみんな一斉に食事をします。夜の商店街では、人出を見込んでバーゲンセールが行われていました。

もちろん宗派や国によってその風景は異なるのでしょうが、想像していたラマダンとは大きく違っていたことに驚きました。

服装に目を向けてみましょう。イスラム教徒の女性は髪をスカーフなどで覆っています（p148写真⑦）。『コーラン』には、女性たちの美しいところは隠しておけと書いてあります。共通理解として、女性の美しい髪を隠すのです。ところが髪の毛以外の場所については、地域によっ

図表⑯—**ラマダン期の一日の例**

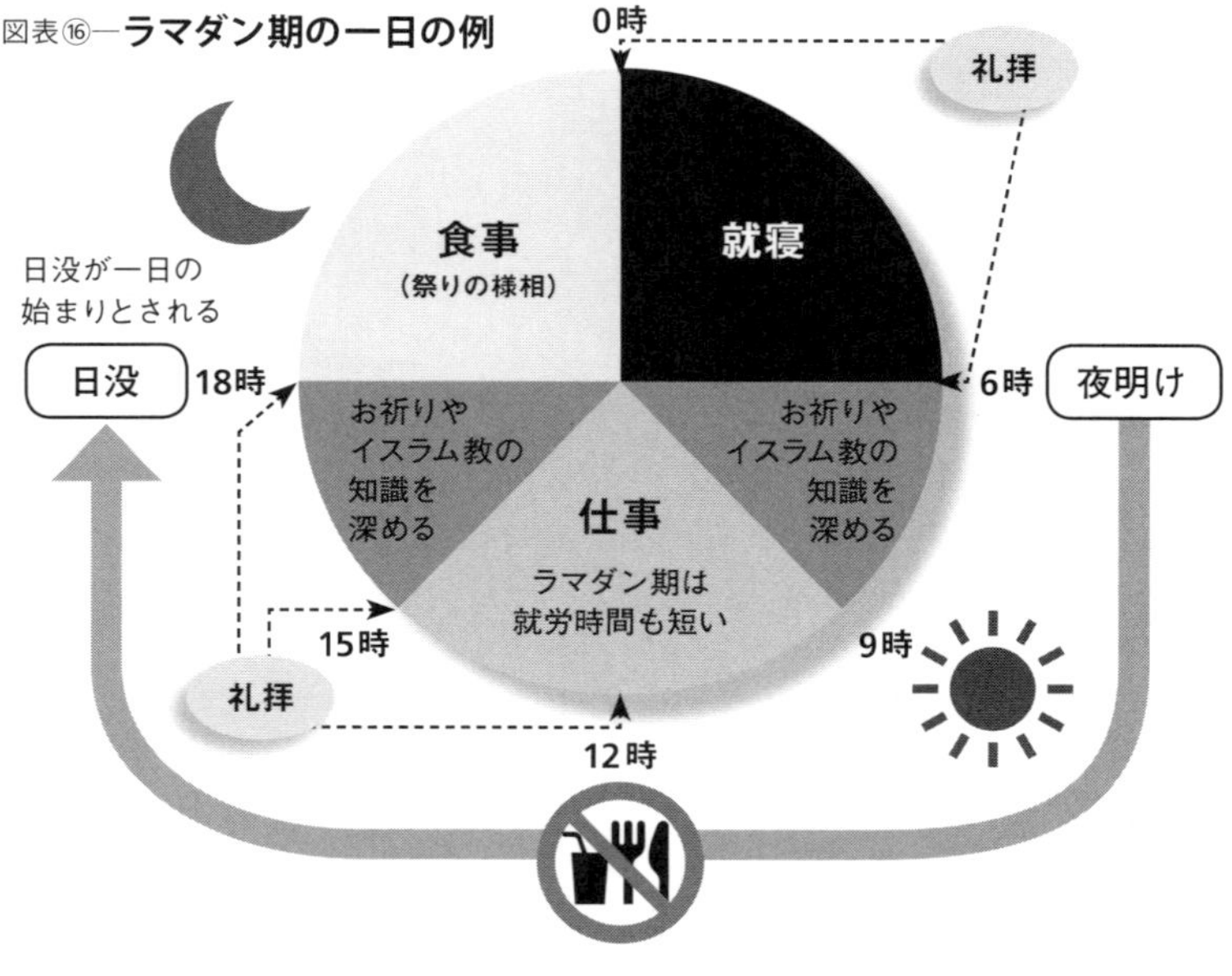

てそれぞれ違うんですね。

アラビア半島のように乾燥した砂漠の国の場合、灼熱の太陽の下ではマントで全身を覆っていたほうが実は涼しく過ごせる。砂嵐から身を守ることもできます。

しかしマレーシアやインドネシアのように湿度が高くて暑い国だと、全身を覆っていたら暑くて倒れてしまう。だから、隠すのは髪の毛だけでいい。

『コーラン』の内容をそれぞれの気候風土に合わせて解釈することで、同じイスラム教徒でも服装が変わってきているのです。

――トルコ人のイスラム教徒の友だちがいます。彼女は、私たちと同じように肌も普通に露出しますし、髪の毛も隠していませんが……。

トルコ人なのね？　トルコの前身であるオスマン帝国は第一次世界大戦後に滅び、その領土はイギリスやフランスなどに占領されます。しかしその中からトルコは独立を果たし、トルコ共和国が建国されます。初代大統領は、独立戦争の指導者でもあったムスタファ・ケマル・アタテュルクです。

アタテュルクは、西洋化を図らないとこれから先のトルコの発展はない、と考えました。それまでアラビア文字を使っていたトルコ語の表記をアルファベットに切り替えます。当然、国民は読み書きができなくなり、識字率は激減します。

写真⑦―**イスラム女性の服装**

形や色、呼び方など、各地で違いがありますが、
おもにこの四つのタイプに分けられます。

ブルカ

頭から足先まですっぽり覆われる。目のあたりが編み目状になっている。アフガニスタンのパシュトゥン人の衣装で、タリバン政権下で着用を強制された。

写真提供:AKG/PPS通信社

ニカブ

全身を覆うベール。目元の部分だけがわずかに開いている。サウジアラビアやパキスタンの女性が着用している。

写真提供:Alamy/PPS通信社

チャドル

髪と全身を覆う、前開きのマント。イランでは伝統的な衣装だが、着用は強制ではない。イラクやパキスタンでもよく見られる。

写真提供:AEC/PPS通信社

ヒジャブ

髪から耳、首を覆うスカーフ。北アフリカ、トルコ、東南アジアなど、全イスラム圏で最も用いられている。

写真提供:Marka/PPS通信社

そこから徹底的に近代教育をして、識字率を高めます。さらに、公の場でイスラム教徒だとわかるような格好をしてはいけない。そういうルールをつくりました。もちろん個人的な信仰は自由です。家の中やプライベートな場所では、イスラムの教えに従ってスカーフを被っていてもかまいません。

トルコにはイスラム教徒が多くいますが、西洋化を進める過程で、政治に宗教が力を加えたり、宗教に政治が介入したりすることを禁ずる政教分離が行われました。その結果、アラブ諸国のイスラム教徒のように、戒律を厳しく守っているというわけではなくなったのです。

ところが、2014年に就任したエルドアン大統領は、「オスマン帝国の栄光を再び」と、トルコのイスラム化を進めようとしています。イスラム化が進み、生活の戒律が厳しくなるにつれて、それを息苦しく思う若者が反発し始めているのが現在の状況です。

Q ところで、みなさんは食品などで、イスラム教のルールに基づいてつくられたもののことをなんというか聞いたことがありますか？

――ハラルです！　最近はスーパーなどでも、ハラル認証のマークのついた商品が並んでいるのを目にします。

注意してよく見ていますね。

豚肉を食べることと同様に、イスラム教で禁止されているものを「ハラム」といいます。それに対して、許されているものが「ハラル」です。

たとえばイスラム圏においては、豚肉は一切使われないし、調味料にもアルコールは入っていない。身の回りにあるものすべては、食べることを許されている「ハラル」です。だから、その地ではイスラム教の人たちは安心して暮らせます。

ところが日本に来ると、ハラルかどうかわからないものがたくさんある。イスラム教の旅行者に、おいしいものはない？　と尋ねられて、うっかり豚骨ラーメンなんかすすめたら、とんでもないことになります。

和食なら大丈夫だろうと思ったら大間違いで、みりんはアルコールなんですね。多くのイスラム教徒は受け入れることはできません。

イスラム教徒たちは、イスラム圏以外の国では、食事するのもひと苦労です。そこで、イスラム教徒も安心して食事ができるようにと、ハラルを認証する機関がいくつかできています。その機関が認定した「HALAL《ハラル》」マークがついていれば、イスラム教の人も自分たちが食べられるかどうか、ひと目でわかります（写真⑧）。

パキスタンやバングラデシュなどで、大水害や大地震があって、日本から援助物資を送ることがあるでしょう。インスタントラーメンは保存食として非常に優れた食品です。これはいいだろうと、送る人がいます。でも、スープに豚肉エキスが含まれているとイスラム教徒たちは食べることができません。すべて廃棄処分になってしまうこともあります。

その国や地域の宗教や文化をきちんと知ったうえで、それに則した援助が必要なのですね。

イスラム教がシーア派とスンナ派に分かれた

ムハンマドは、亡くなる前の説教で「自分の死後、預言者が現れることはない」と言い残していました。ムハンマドが最後の預言者

写真⑧—「HALAL（ハラル）」マークのあるレストラン｜写真提供：共同通信社
成田空港のレストラン。入り口の目立つ場所に「HALAL」マークが掲げられているため、イスラム教徒は安心して入店できます。

だというのです。

ムハンマドは、後継者を指名することなく亡くなりました。残された信者たちは誰がリーダーにふさわしいか相談し、ムハンマドの親友で信者たちの信頼の厚かったアブー・バクルを後継者にします。これが初代カリフです。カリフという言葉の意味は「正しく、導かれた者」。いわば預言者の代理人ですね。

アブー・バクルが亡くなったあとの2代めにはウマルが、3代めには長老のウスマーンが選ばれます。ウスマーンは統治に反対する兵士たちによって殺害され、アリーが4代めカリフとなります。アリーはムハンマドの従兄弟で、ムハンマドの末の娘と結婚しています。ところがアリーもまた信者たちの抗争に巻き込まれ殺害されます。

アリーの死後、「ムハンマドの血族であるアリーの血を引くものこそが正当な後継者だ」と主張する信徒たちが出てきました。彼らは、アリーの「党派」と呼ばれるようになります。アラビア語で「党派」のことは「シーア」と言います。「アリーのシーア」といわれているうちに、単にシーアと呼ばれるようになりました。

これが現在の「シーア派」です。シーアにはもともと「党派」という意味がありますから、シーア派というと党派派になってしまうのですが、日本語では便宜上「シーア派」と表記します。

それに対して、血筋に関係なくイスラムの慣習を厳格に守る人ならリーダーになっていいだろうと考える人たちがいます。これがスンナ派です。スンナとは「慣習」という意味。スンナ派は『コーラン』の教えを特に重視します。

イスラム教が、シーア派とスンナ派というふたつの大きな派閥に分かれたのですね。現在のイスラム圏でどちらが大勢か比較すると、イランやイラクがシーア派。サウジアラビアなどのアラブ諸国はスンナ派の国がほとんどです。現在全世界のイスラム教徒の85％がスンナ派、15％がシーア派だといわれています（p154図表⑰）。

指導者に対する考え方の違いでスンナ派とシーア派に分かれましたが、イスラムの教えにおいては同じはずです。しかし今もスンナ派とシーア派が激しく対立しているところがありますよね。

たとえば、第2章で話したイラクの現状がそうですね（p63）。また、内紛が続くシリアでは、圧倒的にスンナ派の信徒が多い。しかし少数派であるシーア派系のアサド政権が独裁を行っている（p69）。つまり少数派が多数派を支配するという構造になっています。それがたまたま宗派の違いによる対立のように見えてしまっているのです。

ただ、イスラム世界各地でそういう対立が続いてきた中で、結果的にスンナ派とシーア派は仲が悪くなっていきました。

図表⑰—**イスラム教のシーア派とスンナ派**

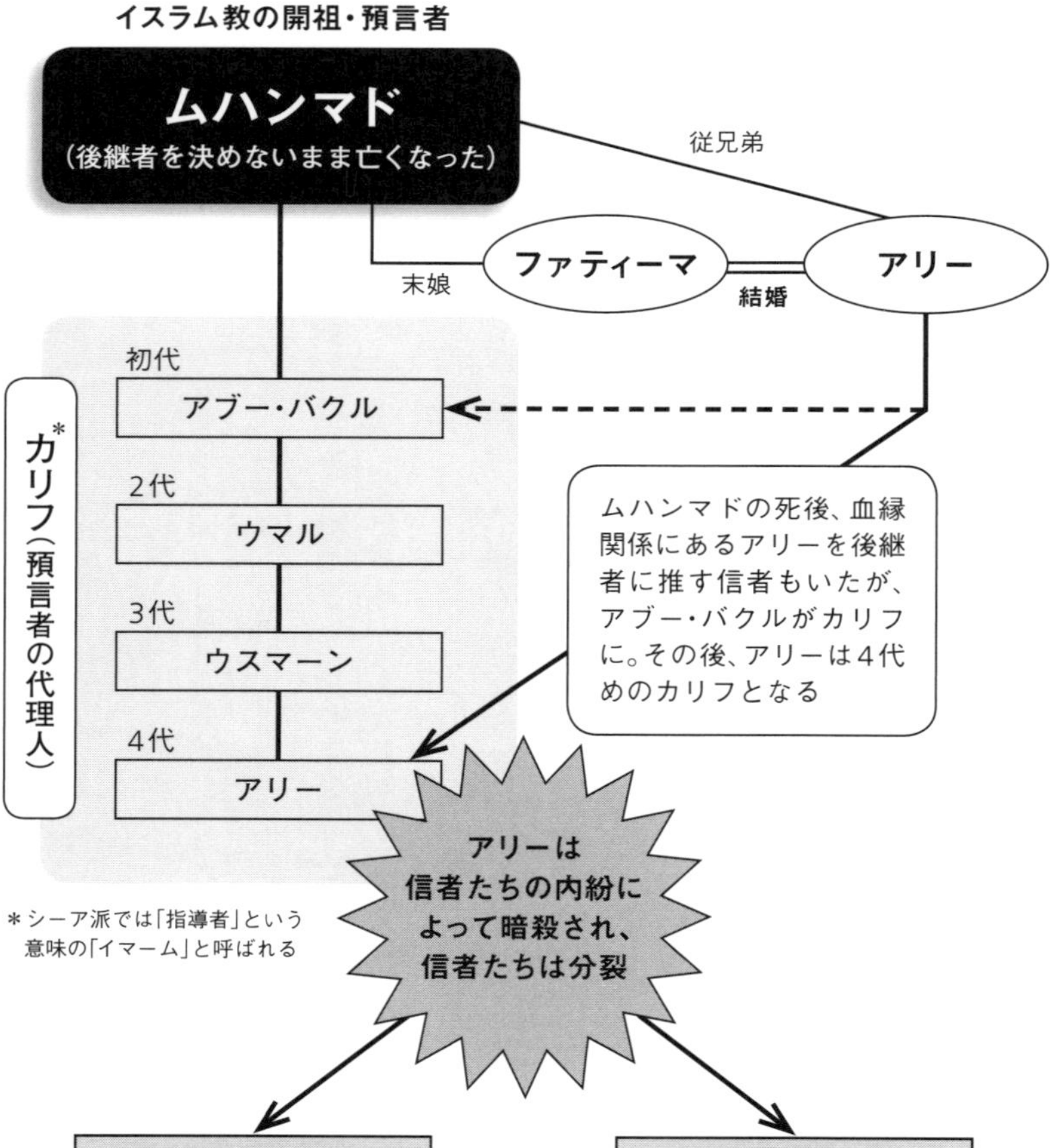

(後継者を決めないまま亡くなった)

ファティーマ

アリーは信者たちの内紛によって暗殺され、信者たちは分裂

	シーア派		スンナ派
特徴	アリーの血を引くものこそ後継者だと考える信者	**特徴**	血筋に関係なく、イスラムの教え、言い伝えどおりの慣習を守る人が後継者となるべきと考える信者
名称の意味	アリーの党派。シーアとは「党派」の意	**名称の意味**	スンナとは「慣習」の意。スンニ派とも呼ばれる
信者の割合	イスラム教徒の約15%	**信者の割合**	イスラム教徒の約85%

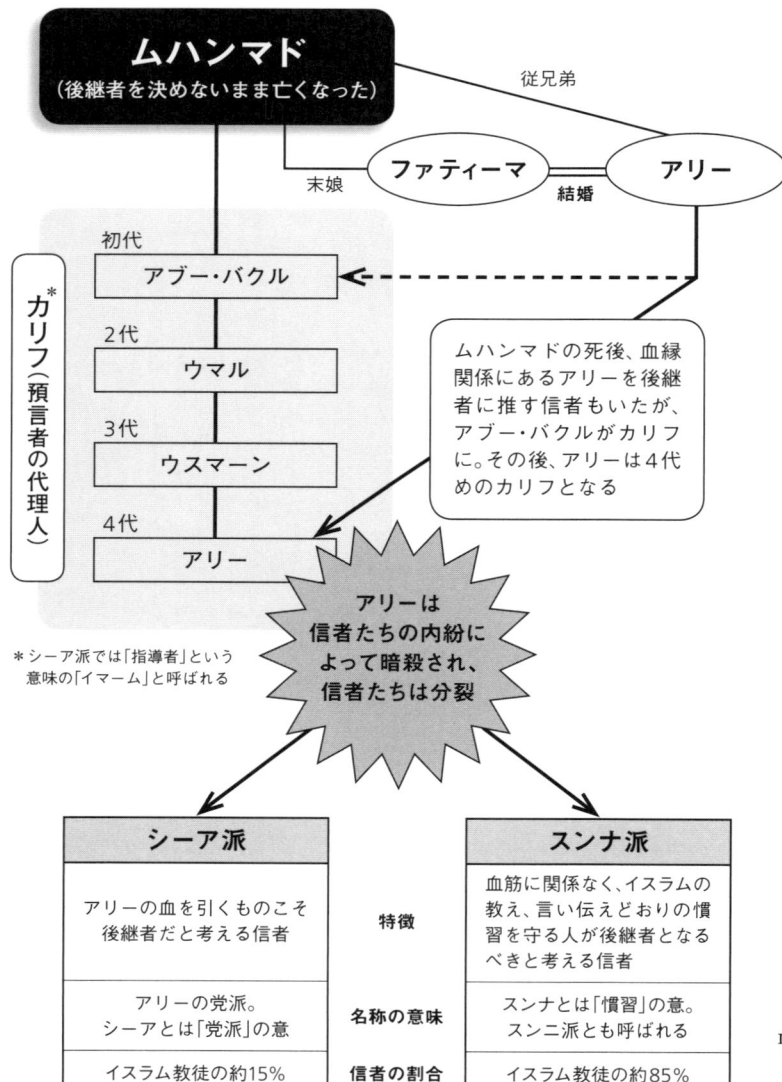

ところで、ムハンマドの死後、イスラムの指導者となった人のことをカリフと呼んでいますよね。スンナ派の場合はカリフでいいのですが、シーア派はアリーこそが真の指導者だという考え方で、カリフではなく「イマーム」と呼びます。

またちょっとややこしいのですが、スンナ派にもイマームと呼ばれる人は存在します。それはモスクで礼拝をする時に、信者たちの指導をする人です。

シーア派のイマームはトップに立つ指導者ですからひとりしかいません。しかしスンナ派のイマームは礼拝の指導者ですから何人もいるわけです。

アリーは4代めのカリフですが、シーア派においては初代イマームとされています。ところが、9世紀の終わり頃に12代めのイマームが突然姿を消したのです。ムハンマドの血を引く指導者がいなくなった。シーア派の信者たちは、困りました。

シーア派の信者たちは、「イマームはお隠れになったのだ。最後の審判の時に、12代めのイマームは再びこの世に戻られて、人々を指導してくれる」と解釈しました。この人たちを12イマーム派といいます。シーア派を国教とするイランでは、12イマーム派が圧倒的多数を占めています。

イランにおいては、12代めのイマームがこの世にお戻りになるまでの間、イスラム教について詳しい知識のある者、つまりイスラム法学者がイマームに代わって政治をすべきだとしました。

１９７９年にイラン革命を起こし、王政からイスラム共和国への移行を果たしたイスラム法学者のホメイニ師は「法学者の統治」という理論を打ち立て、実質的な指導者となります。

イランでは、国民の選挙で選ばれた大統領のさらに上に、最高指導者としてのイスラム法学者がいるのです。現在のイスラム最高指導者は、アリー・ハメネイ師です。

この章の最後に、イスラム教における「死」についてお話ししておきましょう。日本だと人が死んだら、火葬にして骨はお墓に入れられます。

イスラム教の場合は、どうでしょう。イスラム教は、土葬なんですね。死体を焼かない。それはどうしてか。

イスラム教徒の場合は、たとえ死んでも、それは本当に死んだことじゃないんです。死んだ人の体は、地下に埋葬されます。そこでこの世の終わりが来るのを待つ。この世の終わりが来たら、人々はすべて蘇り、神様の前に引き出されて、生前のよい行いと悪い行いが秤にかけられます。よい行いのほうが多ければ天国に、悪い行いが多ければ地獄に落ちる。それがイスラム教の死に対する考え方です。

Qここまで説明するのか、なぜ土葬にするのか、その理由はわかりますね。

――体がないと、世界が終わった時に蘇ることができないから？

なんだかホラー映画のようですが、そのとおりなんです。火葬すると蘇るための肉体がなくなるから、イスラム教は絶対に火葬を行いません。

生きている間によい行いをたくさんする。やがて世の終わりが来た時には、天国に行ける。それがイスラム教徒たちの行動の指針になっているのです。

――逆に、悪い行いをしていたら地獄に行くんですよね。ではなぜ、イスラム過激派の人たちは、テロを起こすのか不思議です。

そういう疑問が湧いてくるよね。イスラム過激派の中に、自爆テロを行う人がいるでしょう。イスラム教において、人間の寿命は神様がお決めになることで、自殺することは許されません。

しかし『コーラン』を読むと、「戦争で死んだもののことを悲しむ必要はない。神のために戦って死んだ者は、今、アッラーのもとに招き寄せられている」と書いてあるんです。

普通の暮らしをしていれば、死んでもこの世の終わりが来るまでずっと地下で待たなければならない。イスラムの教えを守るための戦いならば、死んだらすぐに天国に行ける、という考え方になるわけですね。いわば天国行きの特急券がもらえる。イスラム過激派は、『コーラン』を、そう解釈しています。

だから私たちは「自爆テロ」といいますが、彼らは「殉教攻撃」というのです。

第5章
「石油利権」から見る中東

太平洋戦争勃発は、石油が原因だった

２０１６年末に、日本の安倍晋三首相がオバマ大統領（当時）と一緒に、慰霊のためにハワイの真珠湾を訪れました。

Qなぜ真珠湾まで行って慰霊をしなければならなかったのでしょう？

――日本が真珠湾を奇襲したことで、アメリカ軍に多くの死者が出たからです。

そうですね。１９４１年12月８日、日本軍の真珠湾攻撃によって太平洋戦争が始まりました。真珠湾には、当時、「世界最強の要塞」と評価された、アメリカ海軍太平洋艦隊の基地がありました。

国と国とが戦争を開始するためには、国際的なルールがあります。相手国に今から攻撃を仕掛けると宣言しなければならない。宣戦布告ですね。戦争といえども、フェアでなければならない。

真珠湾攻撃では、宣戦布告をしないまま日本が奇襲したかたちになりました。日本は宣戦布告したと思っていたのですが、在米日本大使館の通告が遅れたのです。そのせいで応

戦する準備が整っていなかったアメリカ軍は甚大なダメージを受けて一時、機能停止となったうえに、大勢の犠牲者が出ました。真珠湾で受けた卑怯な仕打ちを忘れるな、「リメンバー・パールハーバー」がアメリカ軍のスローガンになりました。

Qでは、なぜ日本は真珠湾を攻撃したと思いますか？

――アメリカと戦争になりそうだと思った軍部が、先制攻撃を仕掛けたから。

確かに、そういう意図もあったかもしれません。しかし日本軍にとっては、真珠湾を攻撃しなければならない、と考える理由があったのです。

戦争には、大量の武器だけではなく大量の石油が必要です。船も飛行機も戦車も石油がなければただの鉄の塊です。

第二次世界大戦当時、世界の油田はアメリカとインドネシアに集中していて、日本は主にアメリカから石油を輸入していました。しかし1937年、日本が中国に対して戦争を仕掛けた（日中戦争）ことに対し、アメリカ、イギリス、オランダなどが抗議の声を上げ、日本に対する経済制裁を発動します。これがＡＢＣＤ包囲網です。ＡＢＣＤとは、America（アメリカ）、Britain（イギリス）、China（中国）、Dutch（オランダ）の頭文字を取ったものです。

アメリカは、日本への石油の輸出をストップします。さあ、困りました。このままでは、日本は戦えなくなります。国内に石油の備蓄がなくなる前に、石油を手に入れなければなりません。

そこで目をつけたのが、インドネシアの大規模な油田です。日本はインドネシア攻略作戦を立てました。

当時のインドネシアはオランダ領でした。インドネシア攻撃には、ひとつ問題点がありました。すぐ近くのシンガポールには、イギリスの海軍基地があります。日本がインドネシアを攻撃すると、間違いなくイギリス軍がこれを妨害してくるだろうと予測されます。そこで、日本軍はまずシンガポールのイギリス軍を叩くことによって、インドネシアの石油を確保する作戦を立てました。

ただその一方で、シンガポールを攻撃すると、ハワイにあるアメリカ軍の太平洋艦隊が介入してくる可能性も高い。

ならばシンガポールのイギリス軍とハワイのアメリカ軍を同時に叩いておけば、日本は安心してインドネシアを占領し、石油を奪うことができる。

日本が真珠湾を攻撃したことで、太平洋戦争が始まったと思っている人が多いかもしれませんが、実はごくわずかの時間差でシンガポール攻撃の前段階であるマレー半島上陸のほうが早いのです。

日本はまずシンガポールを攻撃し、それからハワイを攻撃した。太平洋戦争勃発の原因のひとつは、日本がインドネシアの石油を確保したかったからなんです。そのくらい当時、世界の石油をアメリカが握っていたわけです。

その頃アメリカは、世界の産油量の80％を占める世界最大の産油国でした。現在は産油国というと、まず中東の国々が思い浮かびますが、19世紀から20世紀半ばまでは、中東は砂漠の中で眠ったような存在で、世界史に登場していなかったのです。

１９２０年代には、中東の砂漠の下に油田があるということはわかっていました。しかしまだ本格的な油田開発は行われていなかったのです。

独自に石油を採掘する技術を持っていなかったサウジアラビアは、アラムコ（現在のサウジアラムコ）というアメリカ資本との合弁企業で大規模な油田の開発を始めます。しかし、最初はなかなか石油が出なかった。６回失敗をし、７回目の掘削でようやく石油が出ました。大量の石油がじゃぶじゃぶと出るようになります。

石油が潤沢に使えるようになって、世界でエネルギー革命が起こります。

日本では、太平洋戦争が終わってしばらく経っても、主なエネルギー源は石炭でした。１９５０年代、大学生の人気ナンバーワンの就職先は石炭産業だったのです。

当時の日本はまだ貧しく、食品では砂糖が貴重品でした。砂糖の甘さは庶民にとって贅沢な生活の象徴だったのです。石炭と砂糖、黒と白の産業が就職先として人気を集めていました。

しかし石炭より石油のほうがエネルギー効率が圧倒的に高い。石油がエネルギーの主流になると、日本でも石炭産業が一気に没落していきます。

こうして石油の世紀を迎えることになりました。エネルギーを制するものは、世界を制する。まさに中東の石油をめぐって、世界の覇権争いが起きることになります。

アメリカは、テキサスなど自国で大量の石油を産出していました。しかし、このまま石油を掘り続ければ、いずれ枯渇してしまうだろう。アメリカ国内で大量に石油を消費しながら成長を続けるために、中東の石油に目をつけたのです。

それまで世界最大の産油量を誇っていたアメリカが、さらに中東の石油を押さえることになれば、世界のエネルギーを握ることになります。

アメリカは、中東から大量の石油を輸入するようになりました。こうして世界の目が中東に注がれるようになったのです。

石油の利権争いで、オイルショックが起こった

現在、世界最大級の産油国であるサウジアラビアも当時はまだまだ国力が弱く、自国だけで石油を掘削する技術も資金もありませんでした。

そのため、アメリカ系、イギリス系、オランダ系の石油企業が開発に携わり、中東の石油利権を掌握していました。その中心に、七つの巨大企業があったので、セブン・シスターズと呼ばれました。

石油の価格もセブン・シスターズが自分たちに有利なように、勝手に決めていました。中東の国々は、自国で石油が出ているのに、その利益にあずかることができません。

サウジアラビアなどの産油国側からは、当然、自分たちの国の石油なのに、自分たちで価格を決められないのはおかしいという声が上がります。

Q 産油国側はセブン・シスターズに対抗するため、ある組織をつくります。わかりますね？

――ＯＰＥＣです。

産油国側が価格決定権を得ようとしてつくられたのが、石油輸出国機構（ＯＰＥＣ）です。１９６０年9月、南米の産油国であるベネズエラの呼びかけに、中東のイラン、イラク、クウェート、サウジアラビアが呼応して設立されました。

２０１７年6月現在、設立時からの5か国に加えて、カタール、リビア、アラブ首長国連邦（ＵＡＥ）、アルジェリア、ナイジェリア、エクアドル、ガボン、アンゴラの8か国が加盟しています。

さらに１９６８年にアラブ世界の国々だけで結成されたのが、アラブ石油輸出国機構（ＯＡＰＥＣ）です。サウジアラビア、クウェート、リビアの3か国から始まり、カタール、アラブ首長国連邦、シリア、イラク、エジプト、バーレーン、アルジェリアが加盟しています（p１６８地図⑫）。

それでも、セブン・シスターズは圧倒的な力で石油価格を支配し続けます。そのパワーバランスが大きく逆転するきっかけとなったのが、１９７３年10月に勃発した、第四次中東戦争です。エジプト、シリアを中心としたアラブ諸国とイスラエルが戦いました。

この時にアラブ諸国は、石油を武器にします。イスラエルを支援しているアメリカやオランダなどの国に対して、石油の輸出をストップしたのです。この措置によって、石油の価格はどんどん高くなり、世界の国々に大きな混乱をもたらしました。これが第一次オイルショックです。

特に、エネルギー資源を輸入に依存している日本にとっては、大衝撃でした。第一次オイルショックの直前、作家の堺屋太一が『油断!』という小説を書いています。文字どおり、日本は中東から石油が来なくなる可能性を想定していない。いつまでも石油を輸出してくれるものだとすっかり油断しているだろう、という内容。不安を煽るということで出版が先送りにされましたが、まるで予言の書のようだと話題になりました。

原油価格は2倍以上に引き上げられ、石油の価格が暴騰しました。それまで、日本にとって中東は、石油を輸出してくれる国というだけで、国際情勢的にはまったく関心がありませんでした。

日本はイスラエルとも、アラブ諸国とも仲よくやっていました。ところがアラブ諸国から、イスラエルとの関係を問われます。

日本政府は対応に困りました。田中角栄内閣の時代です。日本は、「国連決議に基づいて、当事者同士の話し合いで平和的な解決を望む」という声明を出します。中立的といえば聞こえはいいのですが、まったく主体性のない声明です。イスラエルを認めるのかどうかという質問に対する答えにはなっていません。

しかし、アラブから石油が買えなくなると日本は困ります。声明の内容も少しずつ変化

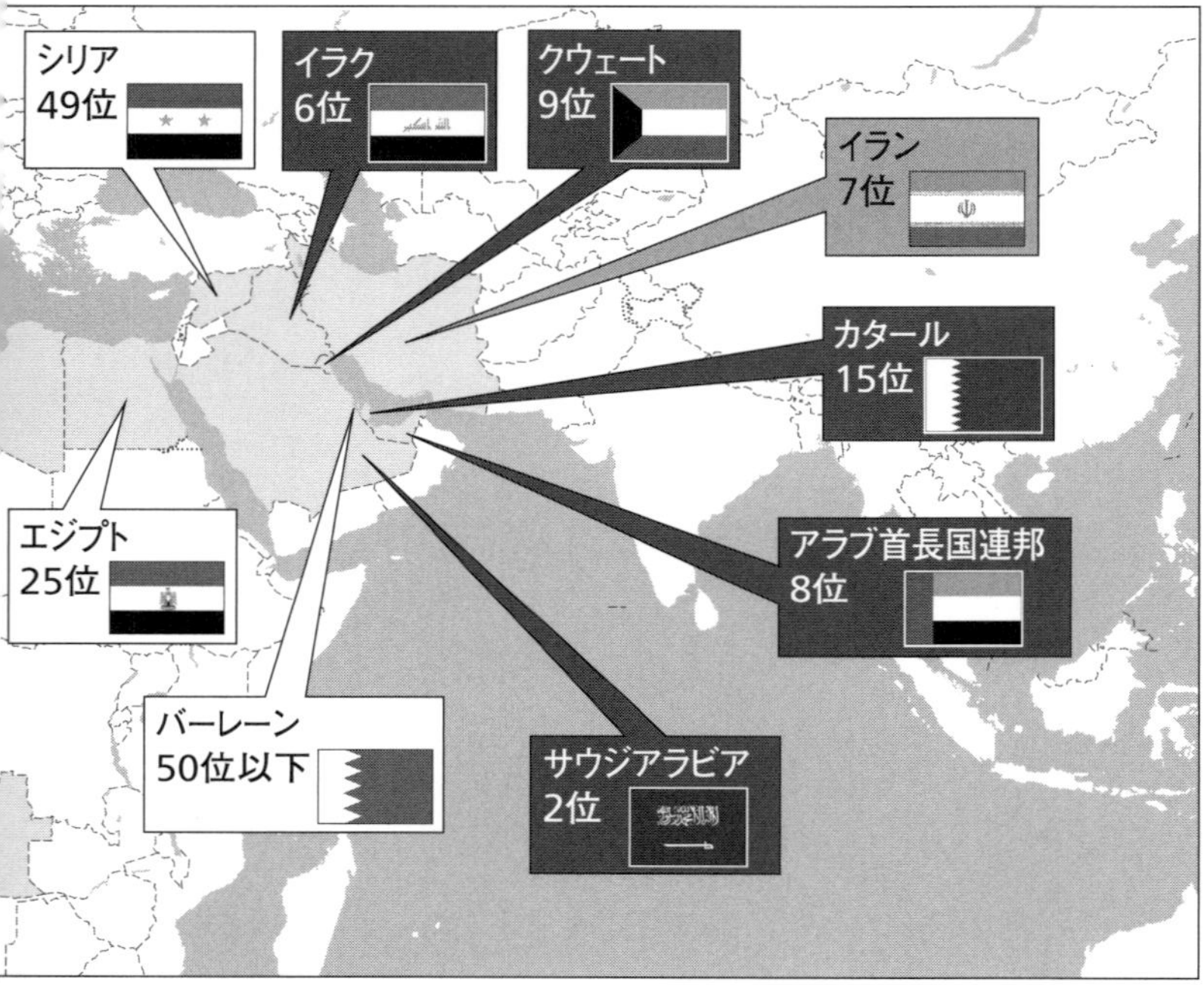

写真⑨—2017年3月に来日したサウジアラビア・サルマン国王。|写真提供：共同通信社

地図⑫—**OPEC・OAPEC加盟国**

＊チュニジアもOAPEC加盟国だが、1987年より加盟資格が停止している。

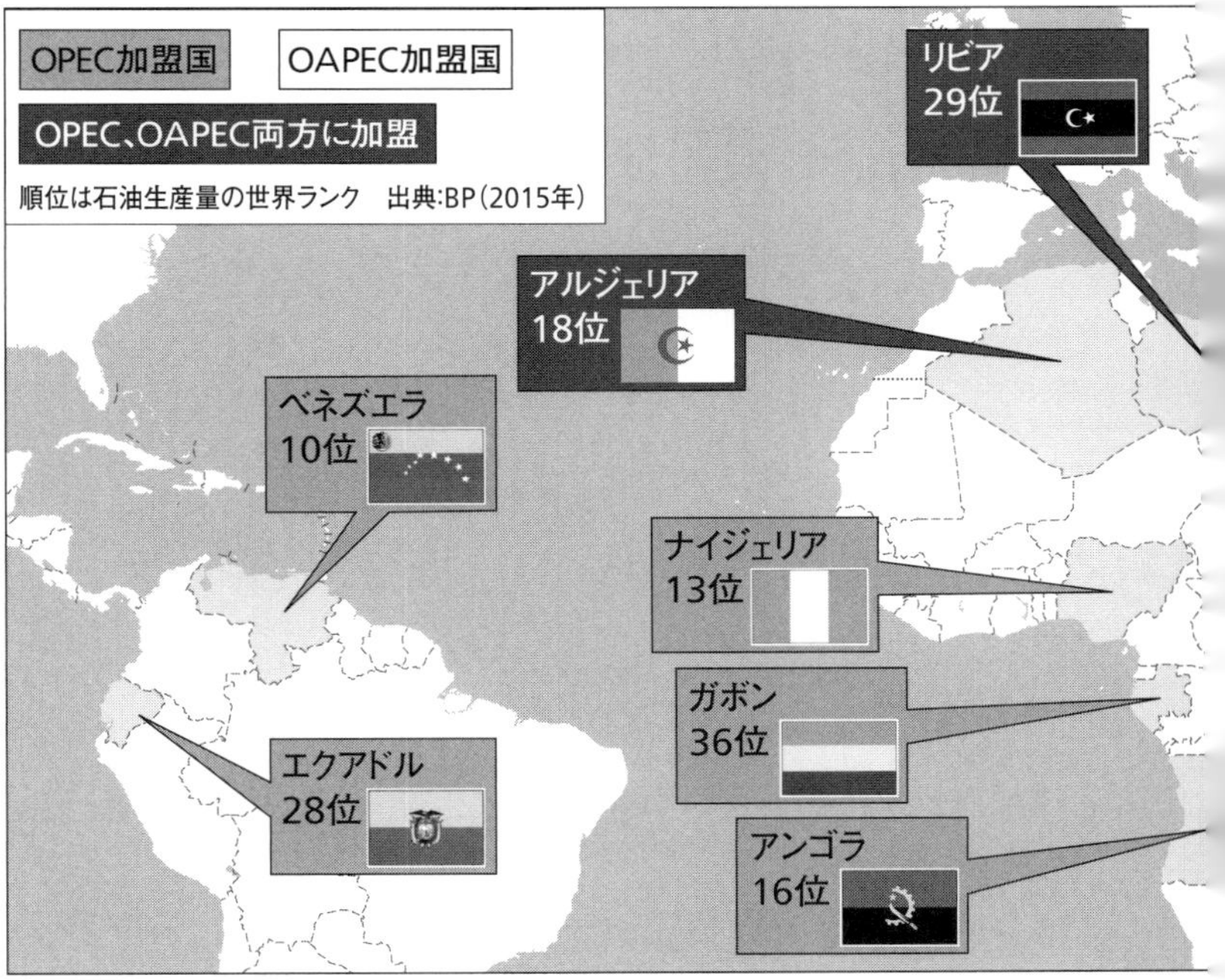

石油生産量、上位20か国（太字はOPEC加盟国）｜出典：BP（2015年）

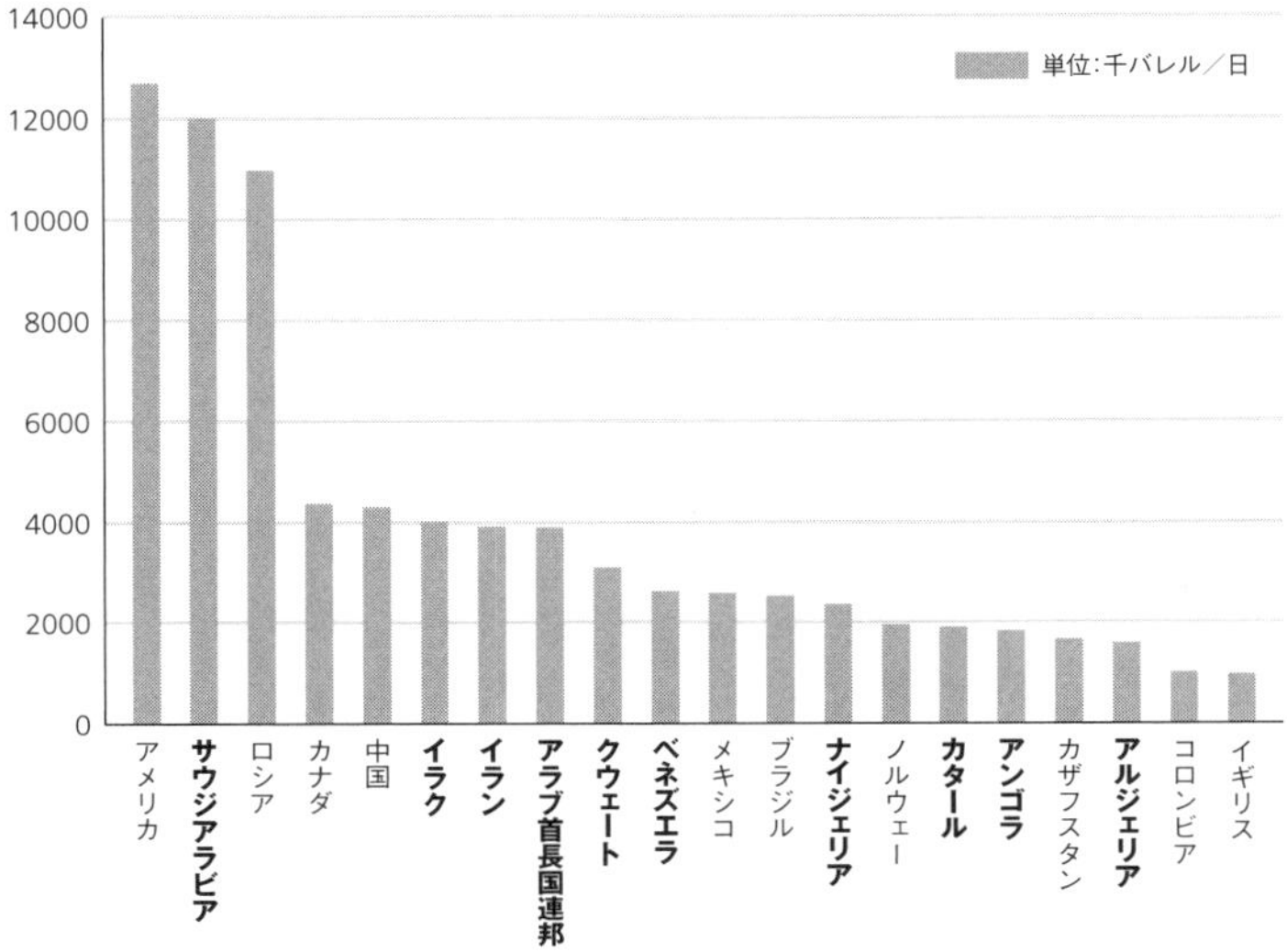

し、最終的には「イスラエルとの関係を見直すことも考えざるをえない」と、アラブ諸国寄りの声明を出すことになりました。

これを日本のメディアはどう報道したか？　「日本は急激にアラブ寄りになった。これはアラブ寄りというよりは、アブラ寄りだ」。石油が欲しいから急にアラブ寄りに舵を切ったのだろうと言われるくらい、当時、日本の外交政策は中東のことなど何も考えていなかったのです。

しかし石油の値段はどんどん高くなります。火力発電もエネルギーは石油です。発電コストも急騰します。国をあげて、節電を呼びかけました。テレビは、深夜番組がすべて中止になりました。銀座のネオンも消され、夜の街は真っ暗になりました。

２０１１年の東日本大震災のあと、電力が足りなくなって、東京の街がすっかり暗くなったでしょう。あの時と同じような状態が、１９７３年にも起こっていたのです。

「オイルマネー」と「南南問題」

さあ、石油の価格決定権をアラブ諸国が握るようになりました。世界の国々は、石油を買わざるをえないのです。おのずと世界中のお金がアラブ諸国に流れ込んでくるようになります。

サウジアラビアやクウェートなど、石油がたくさん採れる国には莫大なお金が入るようになりました。アラブ諸国は、ほとんどが王国か独裁国家です。

たとえば、サウジアラビアという国は、サウド家のアラビアという意味だと話しましたね（第1章p42）。国を支配するサウド一族がそのお金を独り占めします。1回の旅行に何億円も使ったり、自家用のジェット旅客機を購入したり、とんでもない無駄遣いを始めます。（p168写真⑨）しかし、世界中のお金が集まってくるわけですから、使っても使っても、使いきれない。

それならこのお金を運用しようと、ヨーロッパに投資をしたり、アメリカの株を買ったりするようになる。これがいわゆる「オイルマネー」です。

少しでも金もうけになると思えば、そこに莫大なお金が投資される。莫大なオイルマネーが、世界中を駆けめぐるようになります。その結果、「南北問題」から「南南問題」が起こります。

Q南北問題とは、どういう問題でしょう？

――先進国と途上国の格差の問題。

正解です。世界地図を見て、アフリカなど南半分に多い開発途上国と、欧米を中心とする北半分の先進国との経済格差による対立。これを「南北問題」といいます。

ところが、中東の砂漠から石油が出た。サウジアラビアなどの産油国は、急激にお金持ちになりました。一方で、まったく石油の出ない国もあります。そういう国は、お金がないのに、中東の国々から高い価格で石油を買わなければならない。

石油産出国は急激に豊かになる一方で、石油が出ない開発途上国は一段と経済が困窮することになります。ここで南北問題とはまた別に、南側の開発途上国の中で格差が広がるという、「南南問題」が発生しました。

Q 君たちは、石油はどういう単位で取り引きされるか知っているかな？

――バレルですか？

そう、石油の単位はバレルだよね。経済のニュースを見ていると「原油価格は1バレルあたりいくらです」と報じられます。でも、このバレルという単位、ほかのものでは聞いたことがないでしょう？　石油を量る単位は、リットルでもグラムでもいいのに、なぜバレルなのか。

――でも、ガソリンスタンドでは、1リットルあたりいくら、という値段がついています。

なるほど。確かにそうだ。実際に小売り、つまり私たちが買う時には、一般的な単位、リットルで取り引きされています。バレルは、産油国から原油を輸入する時の基準となる単位なのです。「バレル」というのは「樽」という意味です。

ここで、どうしてバレルという単位が使われ始めたか、由来を少しお話ししましょう。石油が初めて見つかったのは、アメリカです。もともとは、ペンシルベニア油田で、42ガロン（1バレル）のニシン樽に石油を詰めて運んだことに由来し、その後は長年、シェリー酒の空樽に入れられ、樽を単位として売買が行われたのです。

一樽あたり、どのくらいの量なのか。1バレルは約159リットル。ものすごく中途半端でしょう。でも、シェリー樽の容量がそうだったものだから仕方がない。長年の慣習が今でも続いて、石油はバレルを単位として取り引きされているというわけです。

シェール革命で、何が変わったか？

20世紀半ばから、石油をめぐってさまざまな問題、紛争が生じてきました。そして2000年代に入ると、アメリカで「シェール革命」が起こります。

Q みんなは、シェールオイル、もしくはシェールガスって聞いたことがあるよね。

――**石油の代わりになるもの、もしくは石油と同じようなものじゃないかと思います。**

なるほど。では、まずそもそも石油ってどういうものなのか。そこからお話ししましょう。

地下から出てきたばかりの石油のことを原油という言い方をします。もしかするとあなたは、地面の下深くに地下水のように黒い油がちゃぷちゃぷたまっていると思っているかもしれません。それが、違うんですね。

石油は化石燃料っていわれるでしょう。主に生物の死体などが炭化したものが、100万年以上の長い年月をかけて、地下何百メートルから何千メートルの地層にたまっていきます。これが石油です。

そこには猛烈な高圧がかかっています。石油は分子のレベルで、石の層の中に閉じ込められています。

地上から掘っていき、石油の含まれている層に達した瞬間、地上と同じ1気圧になるわけでしょう。急激に減圧することによって、石の中に閉じ込められていた油の分子が一挙に黒い液体となって噴き出します。

これを自噴といいます。石に油が閉じ込められているから、石油。その石油を含んだ黒い石の層、これを石油層と呼びます。中東やインドネシアなどの油田は、すべてこういう石油層を掘削することで原油を取り出しています。

では、シェールオイルとはどんなものか。アメリカからカナダに広がる北米大陸全体の4分の1ぐらいの面積の地下に、薄い板状の岩の層があります。それをシェール層といいます。

シェールは日本語にすると「頁岩《けつがん》」と書きます。つまり本の頁《ページ》のように薄い岩の板が何枚も重なって層を成している地層のことです。お菓子のミルフィーユをイメージしてもらえれば、わかりやすいかもしれませんね。

このシェール層、つまり薄い頁岩と頁岩の間に、石油や天然ガスが封じ込められているのですね。

シェール層に石油があることは以前からわかっていたのですが、これを採り出す技術がなかった。2000年代に入ってようやく、アメリカで独自の掘削技術が開発され、シェール層から石油や天然ガスを取り出すことができるようになったのです。

アメリカの場合、シェール層は地下2000メートルぐらいのところにあります。かなりの深さです。まず垂直に穴を掘り始め、シェール層まで達したら、次に横に掘り進む。ある程度掘り進んだところに地上から高圧の水を流し込みます。水圧によって頁岩にひび割れが起こります。砂と化学薬品を注入して、ひび割れを固定します。そうすることで、シェール層の中に封じ込められていた石油や天然ガスがそのまま地上に出てくるのです。これがシェールオイルであり、シェールガスです（図表⑱）。

シェールオイルやシェールガスが大量に出てくることによって、産業構造が大きく変わるだろうということで、これを「シェール革命」と呼ぶわけです。

Q シェールオイルやシェールガスが大量に採れるようになると、困る人たちが出てきました。わかりますね。

――中東の産油国の人たちです。

そうです。これまでは、OPECやOAPECが石油の価格を支配的に調整することで、産油国は大きな利益を手にしていました。

ところが、シェール層から石油を採り出す技術を開発したことで、アメリカがサウジアラビアを抜いて世界最大の石油産出国になりました。石油の価格決定においてもパワーバランスが大きく変化します。

私が小学生の時に、世界の石油はあと40年でなくなると言われていました。しかしその20年後、30年後になっても、世界の石油は、あと40年でなくなると言われ続けています。

どういうことでしょう？　私が小学生の時には、当時の技術で見つけることができた油田から、当時の技術で掘り出すことができる石油の量は全世界中で使っている石油の消費量の40年分でした。

ところがその後、油田を見つける技術がどんどん進みます。ブラジルやイギリス、ナイジェリアの沖合いに巨大な海底油田が見つかりました。石油の消費量はどんどん増え続けますが、それに比例するように油田が発見されるものですから、あと40年、あと40年がずっと続いてきたんですね。

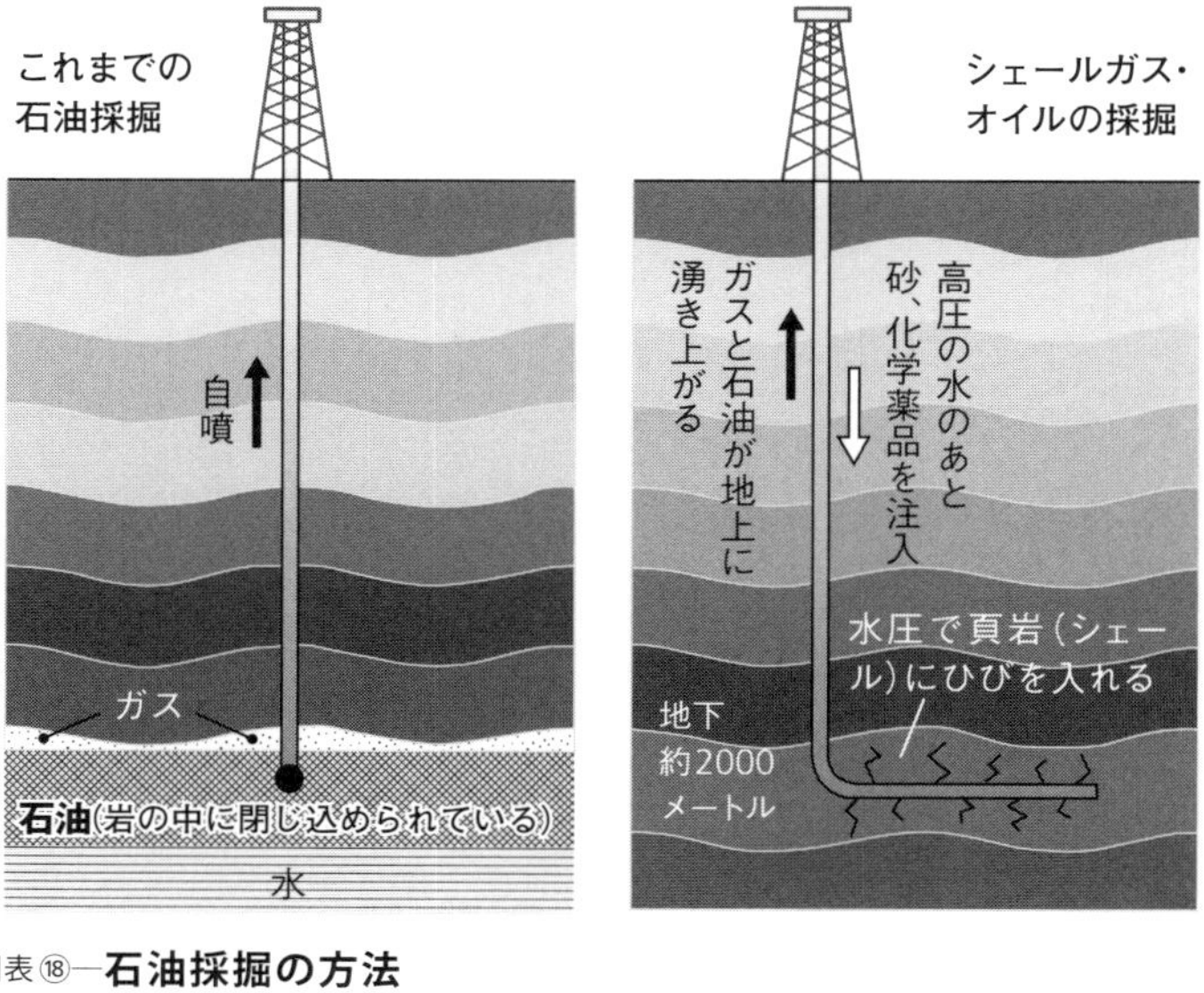

図表⑱—**石油採掘の方法**

ところが、アメリカでシェール革命が起きた結果、このまま石油を使い続けても21世紀中にはなくならないことがわかりました。

今までは高い値段でも取り引きしてくれた。ところが、石油が余るようになってきた。その結果、石油の価格が大幅に下がりました。

OPECは石油の減産に反対した

石油価格の下落に、悲鳴を上げたのが南米のベネズエラです。シェール革命以前は、中国やインドの経済成長によって石油の消費が急増し、石油価格は一時、1バレル140ドルにまでなりました。ベネズエラでは1バレルの石油を掘り出すのにかかるコストは100ドル弱なので、当時は儲かってしょうがなかった。

ところが、シェール革命によって石油が余るようになった。石油価格も1バレルが100ドルを切って、70ドルになり、60ドルになる。悲鳴を上げたベネズエラがOPECに対して、「加盟国が連携して石油を減産しましょう」と呼びかけました。

減産すれば、需要と供給の関係で値段が上がります。ところが、2014年のOPECの会議で、サウジアラビアやクウェートなどが減産に反対し、ベネズエラの提案は否決されました。当然、石油の値段はますます安くなり、一時は1バレル40ドル台ということもありました。

その結果、ベネズエラの経済は破綻し、国民の生活にも深刻な影響が出ています。

Q さあ、なぜサウジアラビアやクウェートは減産に反対し、石油の価格が下落していくことを容認したのでしょうか？

――先ほど、サウジアラビアは石油で儲けたお金で、アメリカ企業の株を買って投資していると、習いました。サウジアラビアとアメリカは、裏でつながっていてお互いの利益を確保する仕組みをつくっているのかなと思いました。

なるほど。でも、そういう理由ではないんですね。石油の価格が下がると、当然サウジアラビアにも大きな損害が出ます。経済的なダメージを覚悟してまで、価格の下落を容認した理由がほかにあります。

――もし、どこかの国だけが減産しなかったら、その国の石油は安いままです。みんなその国から買うようになって、逆に自分たちが困ると考えた。

鋭い！　そういうことですね。その国はどこでしょう？

――サウジアラビア？

違います。サウジアラビアはＯＰＥＣ加盟国です。ＯＰＥＣの取り決めを破って、一国だけ抜け駆けすることはできません。

――OPECに入っていない国が得をする。

さぁ、もうわかったでしょう。

――アメリカ！

そのとおり。アメリカは世界最大級の産油国でありながら、ＯＰＥＣには加盟していません。ＯＰＥＣが減産を決めて価格を上げる。もしアメリカのシェール産業が石油を増産して低価格をキープすれば、世界のシェアを独占できるのです。

サウジアラビアなど中東の石油産業は、すべて国営です。国が減産しなさいと指示を出せば、どの企業もそれに従います。

ところが、アメリカはすべて民間企業です。石油の価格は、それぞれの企業が自由に決めることができます。ＯＰＥＣは、アメリカのシェールオイルにシェアを奪われないために、減産の提案を否決したというわけです。

アメリカのシェールオイルは、特殊な技術を使って地下深くから掘り出します。当然、生産コストはかなり高い。現在では少し安くなりましたが、その当時１バレルあたり70ドルのコストがかかっていました。

対して、サウジアラビアでは1バレルあたりの生産コストは25ドル程度です。極論をいえば、もし石油の価格が25ドルまで下がっても、サウジアラビアはぎりぎりやっていける。

石油の価格が安くなれば、シェールオイルを掘っているアメリカの企業は赤字になります。そのうちに潰れるだろう。そうすれば、石油がダブつくことがなくなって、再び自分たちの石油が高く売れるようになるだろう。サウジアラビアやクウェートはそう考えたんですね。ベネズエラには気の毒な結果となりましたが……（図表⑲）。

図表⑲―**原油相場とOPECの原油生産量推移**

｜出典：OPEC／IMF

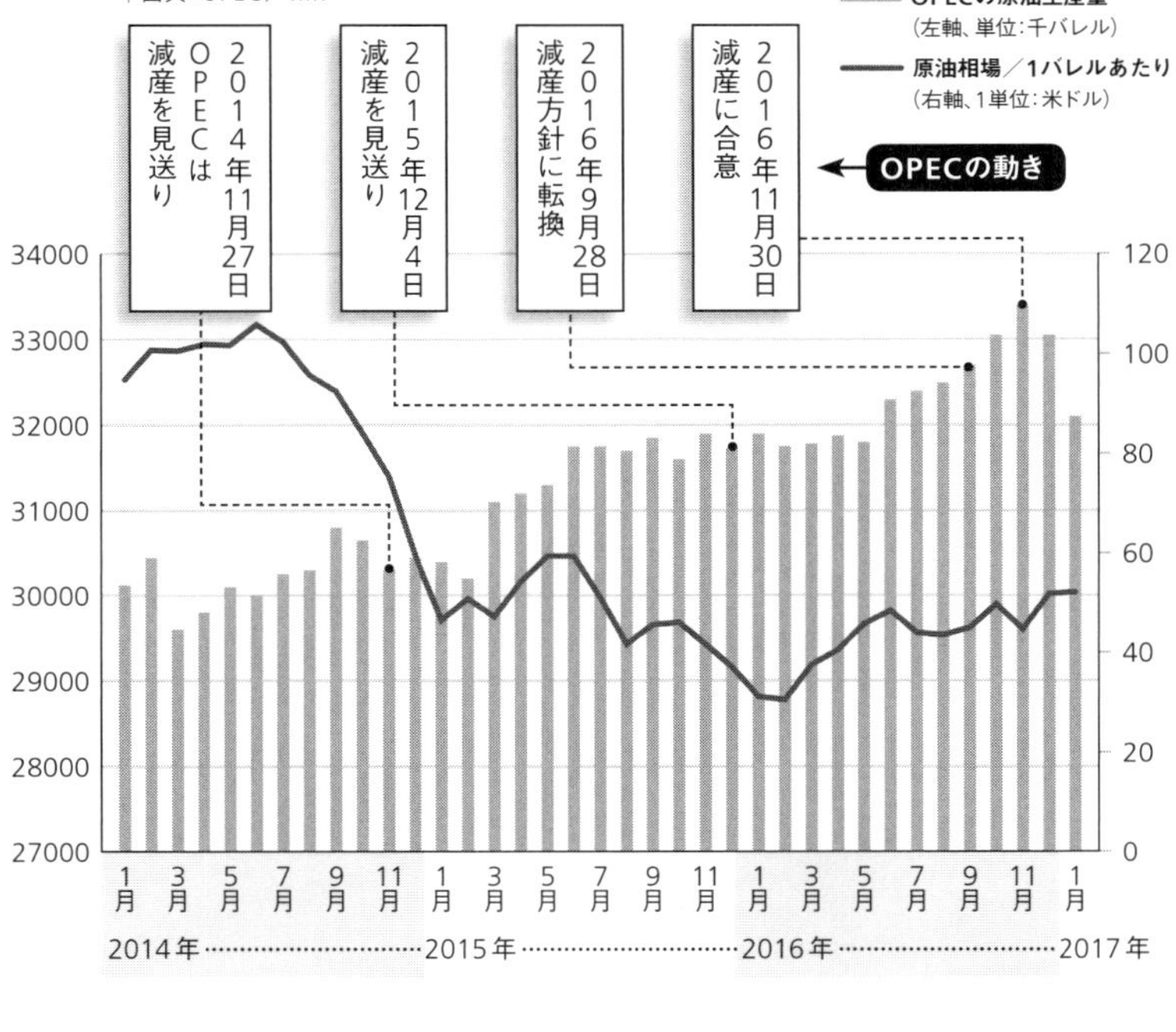

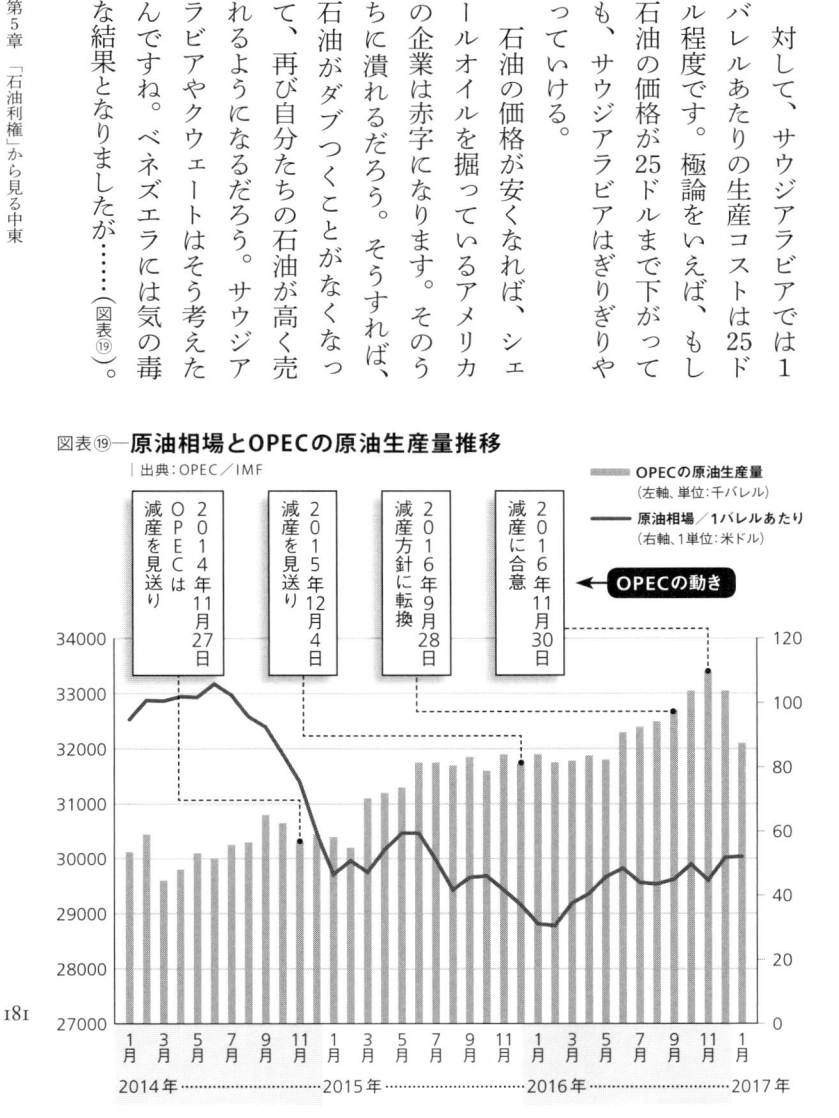

ロシアはどう対応したのか

さて、ＯＰＥＣには加入していないけれど、石油価格の下落に大きな影響を受けた国があります。それがロシアです。ロシアは、アメリカ、サウジアラビアに次ぐ、世界第3位の産油国。天然ガスはアメリカに次ぐ、第2位なんです。

２０００年にプーチン大統領が誕生したあと、それに呼応するようにロシア経済が急激に好転し始めました。１９９８年の金融危機で打撃を受けていたロシアの人たちは、プーチン大統領のおかげで経済が回復したのだと考えました。

実は、シェール革命前夜で石油不足の時期と重なり、高騰する石油価格の恩恵を受けただけだったのです。

ところがシェール革命後もＯＰＥＣは石油の減産をしなかった。２０１４年頃から、原油価格はどんどん下がり始めます。石油や天然ガスの輸出に依存しているロシア経済は困窮します。

その打開策として日本に天然ガスを買ってもらおうと、接近してきました。２０１６年には、プーチン大統領と安倍首相の会談が実現。北方領土など日露のさまざまな問題について、交渉が始まるきっかけになったのです。

石油価格の下落は、産油国の経済を直撃します。このままだとみんな共倒れになってしまいます。そこで２０１６年11月、ＯＰＥＣはロシアなど加盟国以外の産油国とも協調して石油を減産することを発表しました。

さて、シェールオイルの開発ブームが始まった２００６年頃のアメリカでは、シェールオイルの生産コストは、１バレル70ドルくらいだったとお話ししました。そのため、ＯＰＥＣとの低価格競争で体力のない小さな会社は次々に潰れました。しかしシェール産業が大企業に集約されることで、コストが劇的に低下。１バレル50ドルぐらいで生産できるようになりました。このままアメリカのシェールオイルが安い価格を維持できれば、ＯＰＥＣの減産はあまり意味を持たなくなります。

先ほど、サウジアラビアとアメリカの関係について、裏で手を結んでいるんじゃないかという推測をした人がいましたね。実はあながち間違いではありません。シェール革命以前は、石油と武器という世界の2大ビジネスにおいて、この両国は〝共犯関係〟にあったのです。

アメリカはサウジアラビアの石油を購入する最大の顧客でした。そしてサウジアラビアはアメリカから得た莫大な資金で、アメリカの最新の兵器を大量に買う。サウジアラビアの軍隊には、アメリカの最新兵器がずらりと並んでいます。

ところがシェール革命によって、アメリカはもうサウジアラビアから石油を買う必要がなくなりました。そうすると、両国間の関係にどんな変化が起きるのか？

サウジアラビアは、非常に厳格なイスラム教徒の国です。たとえば、女性はひとりで外出することが許されていない。車の運転も認められていない。ベールで全身を覆わなければいけない。

これはアメリカ人にすると、女性の権利が非常に奪われているように見えます。サウジアラビアから石油を買っている間は、批判的な意見は封じられていたのですが、ここのところサウジアラビアの女性の人権問題を批判

図表⑳―**石油原産国の現状と相関図**
｜出典：BP（2015年）

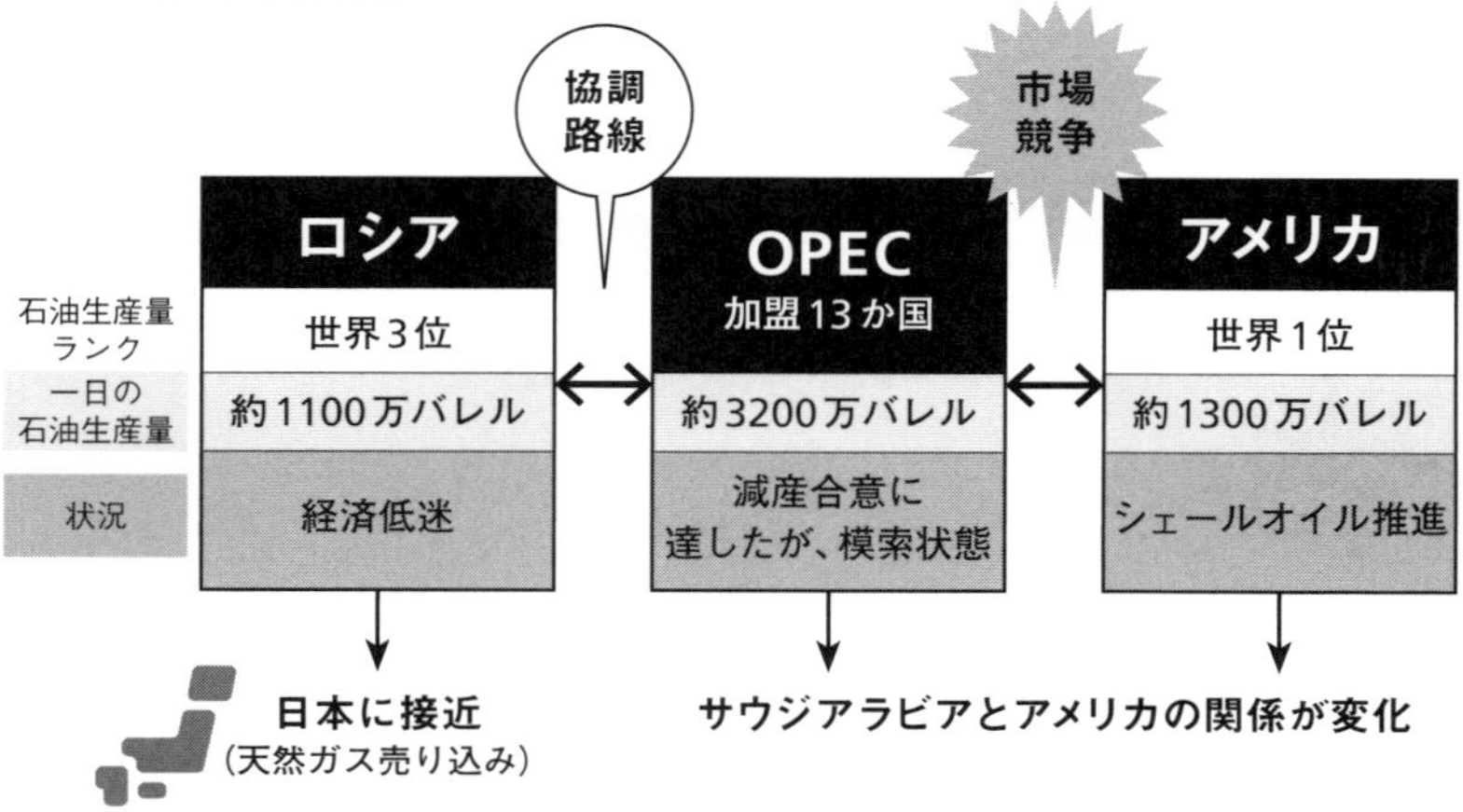

する声も大きくなっています。

そしてさらに、アメリカで石油がいっぱい採れるなら中東なんかどうでもいいじゃないかという人たちが出てきました。アメリカさえよければいいと、そういう動きが一方で出てきています。

石油をめぐるさまざまな利権や思惑ひとつで、国と国の関係まで変わってくるということですね（図表⑳）。

第6章
「難民大発生」から見る中東

スマートホンの普及と難民の大移動

シリアの内戦によって急増する難民を受け入れるか否か、ヨーロッパ各国の世論を二分する大きな問題となっています。

２０１５年の夏頃から、シリアからの難民が大挙してヨーロッパに押し寄せるようになりました。シリアの内戦は前から続いているのに、なんで２０１５年の夏から大移動が起きたのかというと、その頃私もヨーロッパで難民を取材してみて、初めてわかりました。

Q なぜ、急激にヨーロッパに渡る難民が増えたのでしょう？

――スマホがあるから、先にヨーロッパに行った人と連絡が取れたり、ルートがわかったりして、移動がしやすくなったのだと思います。

そのとおりです。もちろん、シリアの内戦が激化して国を脱出する人が増えたこともありますが、もっとも大きな要因はスマートホンが普及したことなんです。

２０１５年になって、難民たちの間でのスマートホンの普及率はほぼ１００％に達したといわれています。

通信手段が劇的に変わる時、社会も大きく変化します。東西冷戦の中でインターネットが生まれました。インターネットは、もともと、アメリカ軍同士の軍事情報のやり取りをするために開発されたネットワークシステムです。東西冷戦終結によってそのネットワークが民間に開放され、世界中の技術者たちが進化させて、一般の人でも自由にコンピュータを使えるようになりました。みなさんが、グーグル（Google）で調べものをしたり、SNSで情報発信をしたり、オンラインのゲームをしたり……。それがすべて手のひらの中のスマートホンひとつで行える。今では当たり前の風景ですが、IT革命といわれた技術革新の賜物だということです。

それにしても、難民たちがみんなスマホを持っているって、すごいよね。難民という言葉からは、経済的に困窮している人々をイメージするかもしれないけれど、シリアは、実は生活水準がかなり高いんです。シリア難民は、最初は近くのヨルダンやトルコに逃げ込むのですが、私はヨルダンの難民キャンプで、シリアの人に自分の家の写真を見せてもらいました。それが日本でもなかなか見ないような豪邸なんです。この人が難民なのか、と複雑な気持ちがしました。

ヨルダンは、シリアに比べると生活水準が少し低いんですね。ヨルダンの難民キャンプに入ると、シリアにいた時よりもかなり生活レベルを下げて暮らさなければなりません。

シリアからの難民たちはみんな生活に不満を持っていたのです。

シリア難民の中でもお金を持っている人は、もっとよい暮らしがあるかもしれない、と経済的にも発展しているドイツやフランス、イギリスなどを目指します。

たとえば家族の中で、元気な息子やお父さんが、先にドイツに向かう。ドイツは難民のためにアパートを斡旋してくれて、しかも生活費としてひとりあたり毎月、日本円にして約4万円支給してくれる。そういう情報を自国に残っている家族に伝えます。

あとを追う家族たちも、まずトルコに渡る。シリアとトルコの国境線は非常に長いので、国境管理もずさんです。密入国するのは比較的簡単です。トルコからは、船に乗ってギリシャに渡る。陸路だとマケドニアからセルビアを通り、ハンガリーに入るというルートが描けます（地図⑬）。

Q 言葉にすると簡単ですが、まったく知らない土地を地図さえ持たずに移動するのです。どうやって経路を見つけていると思いますか？

——**GPS機能がついているスマートホンがあれば、自分の現在位置はすぐにわかります。**

さすが、スマホ世代ですね。そうなんです。厳しく困難な道のりではありますが、しかしスマホさえあれば、迷うことなく目的地へ到着できます。

地図⑬—**シリア難民のヨーロッパへの移動ルート**

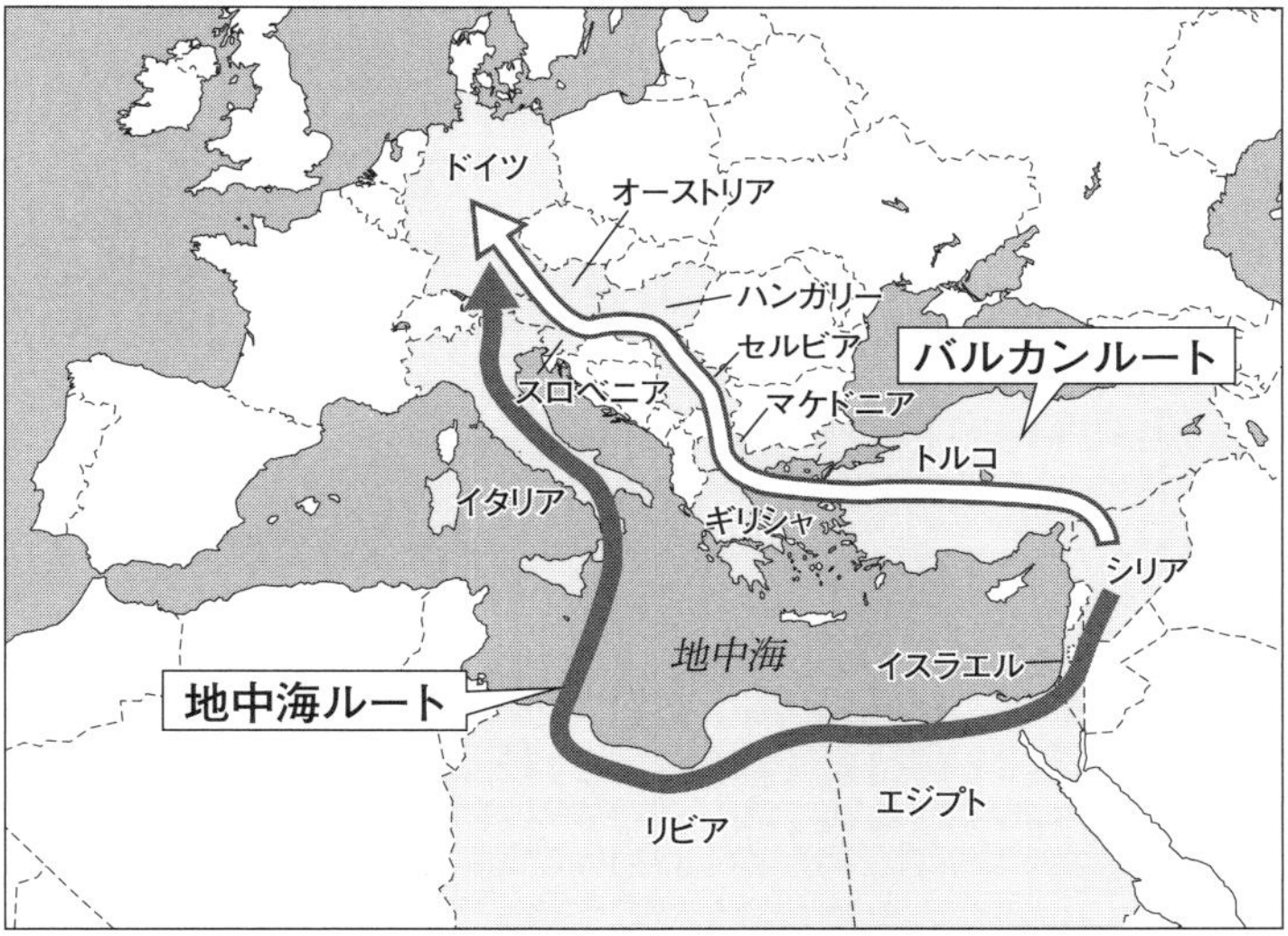

移動ルートは数多くありますが、ここではその一例を挙げました。

地中海ルート

シリア
↓
イスラエル
↓
エジプト
↓
リビア
↓
イタリア
↓
オーストリア
↓
ドイツ

地図上での総距離
約4500キロメートル

バルカンルート

シリア
↓
トルコ
↓
ギリシャ
↓
マケドニア
↓
セルビア
↓
ハンガリー
↓
スロベニア
↓
オーストリア
↓
ドイツ

地図上での総距離
約3100キロメートル

＊日本列島の長さが約3000キロです

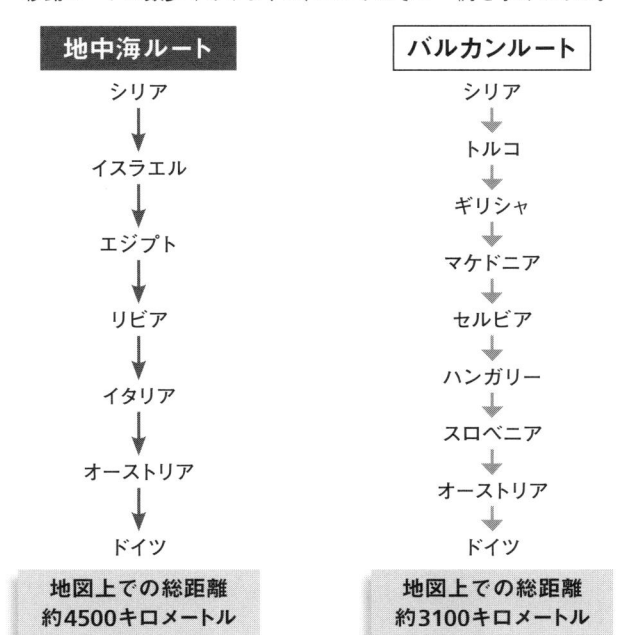

――でも、スマートホンを使うと、通信料がかかりますが……。

確かに、お金の心配はあるよね。実は中東からヨーロッパにかけては、無料のワイファイ（Wi-Fi）スポットがすごく充実しています。通信料ゼロでさまざまな情報にアクセスすることができるのです。日本を訪れる外国人のいちばんの不満は、無料のワイファイスポットが少ないことだそうです。

また難民たちはプリペイド式のスマートホンを使っていて、移動する先々でプリペイドカードを購入しているのです。銀行口座からお金を引き落とせなくなって、スマートホンが使えなくなる心配もなくなります。

――スマートホンの充電はどうするのですか？

そうだね、常に充電しておかないと、通信

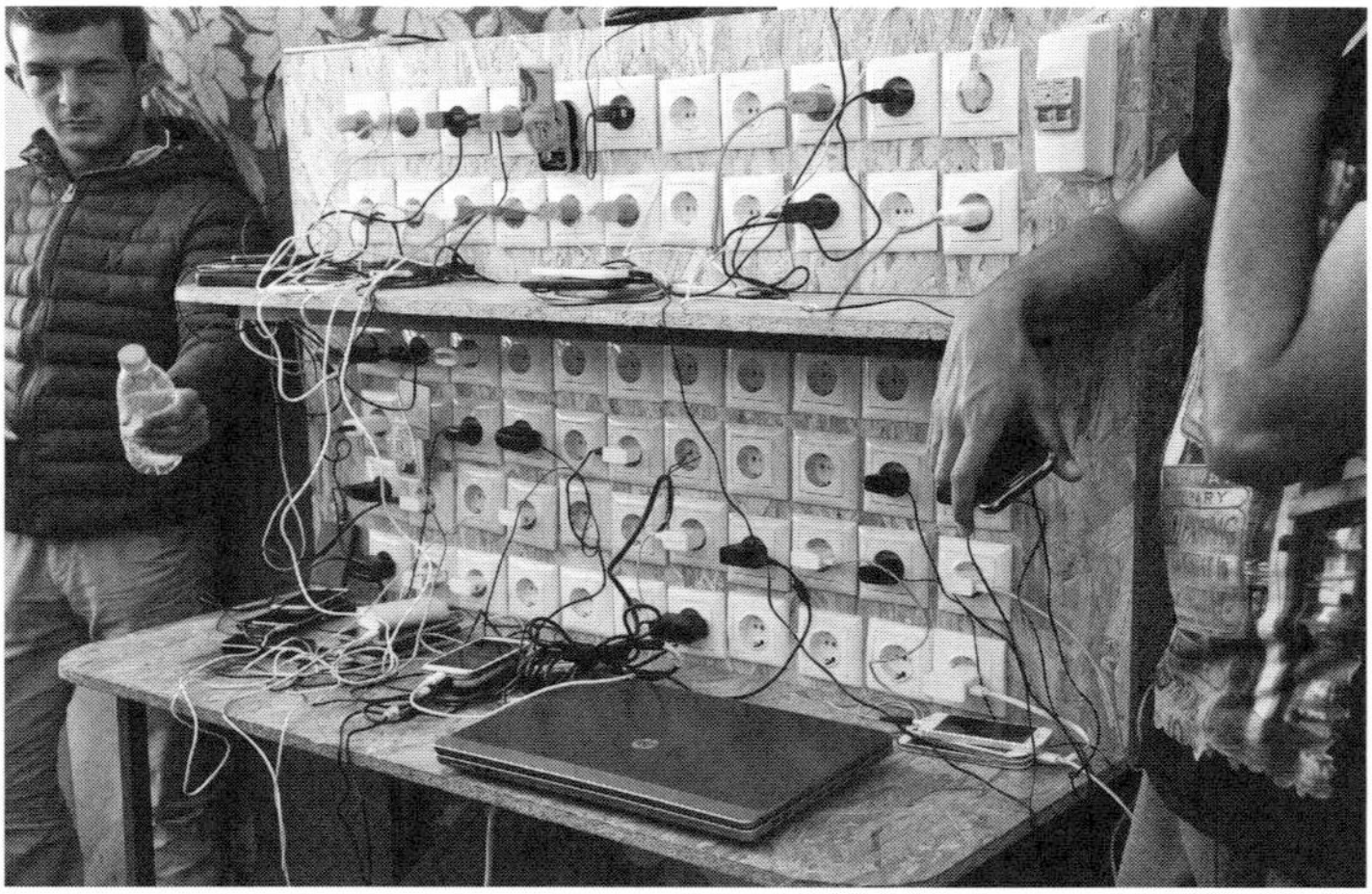

写真⑩―難民キャンプの充電ステーション｜写真提供：時事通信社

ができませんよね。これも心配ないんです。難民のためにボランティアの人たちが、移動経路のあちこちに充電ステーションを設置しています(写真⑩)。実際に私も現場を見ました。難民たちは、そこで充電をしながら、先に渡った人たちと連絡を取って移動しているのです。

こんなこともありました。2014年の冬に、ヨルダンのザータリ難民キャンプを訪れた時です。シリアからの難民の多いところです。夫婦別々にシリアを脱出して、離れ離れになったけれど、再びこのザータリで落ち合うことができたという話を聞いて、人間ドラマだなと感激していたら、なんのことはない、スマートホンで連絡を取り合っていたと(笑)。

また、セルビアからハンガリーに入ろうとしている難民の人たちを取材した時にも、みんなスマートホンを持っていました。ある人は船に乗って海を渡っているところの動画を見せてくれました。スマートホンのカメラで撮影しながら移動するなんて、まさに21世紀の難民。難民のイメージが変わります。

スマホで、あるいは携帯電話で連絡が取れるようになって、難民の人たちはバラバラになってもまた会うことができるようになり、「ここにいいところがあるぞ」という情報を得るとドーッと動くようになりました。その結果、400万人以上がヨーロッパに難民として入ってきたのです。

その人たちは、難民か？　移民か？

Q ヨーロッパの国々が大勢の難民を受け入れるようになったのは、ある1枚の写真がきっかけでした。覚えていますか？

――**小さな子どもの死体が浜に打ち上げられた写真です。**

2015年9月初め、シリア難民を乗せてエーゲ海を渡ろうとした船が難破したんですね。トルコの海岸に打ち上げられた3歳の男の子の遺体の写真に、ヨーロッパの人たちは心を揺さぶられました。

ドイツのメルケル首相は、難民を無制限に受け入れると宣言しました。ところが2014年には20万人だったシリア難民の数は、2015年には100万人を超え、大量の難民が一斉にドイツに向かいました。

ドイツ国内では、旧東ドイツと旧西ドイツで、難民に対する考えが大きく違っています。旧西ドイツの場合、ヒトラーやナチス・ドイツを生んだ歴史的な責任を、戦後、徹底的に追及しました。もう二度とナチスのようなファシズムを生んではいけない。多様な社会を築いていく歴史的な責任がある。旧西ドイツの人たちはそういう意識を持っています。

一方、社会主義体制の旧東ドイツは、ナチス・ドイツというのは資本主義を支配する資本家たちのいちばん悪いところが出たものだと考えました。プロレタリアート、つまり労働者として犠牲になった君たちが悪いわけではない、という教育を受けてきた。ドイツ人としての戦争責任を追及されることなく育ったんですね。

難民受け入れに賛成しているのは、主に旧西ドイツの人たちです。旧東ドイツの人たちには、難民を受け入れたくない人が多いのです。

旧東ドイツ時代は、まさに鎖国のような状態でした。ドイツ人ばかりだったわけですね。だから、ほかの民族が入ってくることに対するアレルギー反応も強いのです。結果的に、旧東ドイツでは難民排斥運動が頻繁に起きています。

Q ここで問題です。「難民」と「移民」はどう違うでしょう?

——難民は、戦争などで自分の国に住めなくなって逃げてきた人。移民は、何か理由があって違う国に移り住むこと。

ほぼ正解ですね。単に違う国や地域に移り住むのは、移住ですね。移民は、主に経済的な理由でより豊かな暮らしを求めて移り住む人たちのことです。

難民はどう定義されているか。1951年に国際連合によって採択された難民条約（難民の地位に関する条約）によって制定されています。

国連難民高等弁務官事務所のホームページを見ると、難民とは「人種、宗教、国籍もしくは特定の社会的集団の構成員であること、または政治的意見を理由に迫害を受けるおそれがあるという十分に理由のある恐怖を有するために、国籍国の外にいる者であって、その国籍国の保護を受けられない者またはそのような恐怖を有するためにその国籍国の保護を受けることを望まない者」と定義されています。

簡単にいうと、民族、宗教、政治的理由で迫害され、あるいは迫害されるおそれがあるため、国外に逃げてきた人。これが難民です。

では、現在ヨーロッパに流れ込んでいる難民を、欧米のニュースではどう表現しているのでしょう。和英辞典で、難民を調べると「refugee」（レフジー）と書いてあります。しかし欧米のニュースを見ていると、「migrant」（マイグラント）と表現していることが多い。「migrant」を英和辞典で見ると「移住者」、難民と移民の中間くらいを意味する言葉です。つまり彼らは難民なのか、経済的な移民なのかはっきりしない。だから欧米のメディアは

「migrant」と包括的に呼んでいるのです。

シリア難民に紛れてヨーロッパに行こうと考える、アフガニスタンやパキスタンなどの人もいます。ここでは、私が実際に取材現場であったふたつのケースを紹介しましょう。

ひとつめは、ハンガリーの国境で暮らしているアフガニスタン人の夫婦の話です。アフガニスタンではまだ内戦が続いている。このまま自国で子どもを育てても、ちゃんとした教育を受けさせることができない。だからヨーロッパに逃れてきたのだと。さぁ、これは難民なのだろうか？

ふたつめは、セルビアの難民キャンプで出会ったパキスタン人の夫婦の場合です。親に結婚を反対されたから国を出てきた、と話してくれました。早い話が駆け落ちです。私たちの常識で考えると、この夫婦を難民として扱うことには無理があります。

ところがパキスタンやインドには、「名誉殺人」という風習が残っている地方があります。結婚前に異性と関係を持った女性を家族全員の名誉を汚すものとして殺害してしまうのです。

親の反対を押しきって結婚しようとしているこの女性は、名誉殺人の対象になりかねません。そのままパキスタンに残っていたら殺されるかもしれない。こういうケースでは、「はたして、彼らは難民なのか」、その判定は難しいですよね。さらに、大勢のシリア難民が移動するのを見て、アフガニスタンやパキスタン、チャドあるいはリビアからも彼らに紛れてヨーロッパへ向かう人たちが出てきました。

難民条約に加盟している国は、難民だといって入国してこられたら、無条件に受け入れなければいけないというルールがあります。まず受け入れてから、本当に難民かどうかを審査するのです。偽装難民だと判定された場合は、追い返してもいい。実際に難民だと認定されたら、定住を認めます。

この2組の夫婦のようにグレーゾーンの人たちはどう判定するのか。ヨーロッパ諸国は非常に難しい判断を迫られています。

「アラブ民族の大移動」は歴史に何を残すのか

難民にとっては、どの国で難民申請をするかも重要です。難民申請が認められれば、その国に定住することが認められます。ただし、あくまで定住です。その国の国籍が与えられるわけではありません。

ヨーロッパには各国間を自由に行き来できる「シェンゲン協定」を結んでいる国が多く、難民たちもいったんその中に入れば、自由に移動ができます。たとえばハンガリーのように貧しい国は、難民を受け入れる体力がありません。では、どういう対応をしているのか。

ハンガリーと国境を接するセルビアとの間には鉄条網のフェンスがあります。難民がそこを越えようとすると、ハンガリーの国境警備隊が放水して入国を阻止します。

しかし放水をかいくぐって入国する人も中にはいます。難民が入国してしまえば、難民条約によって保護しなければいけません。しかし、ハンガリーで難民申請をされると困ります。どうぞ我が国を通り過ぎて、ほかの国へ行って難民申請をしてください、という対応をしました。国境では入国を阻止するけれども、いったん入国されたら早く通過してほかの国へ出ていってもらう、というわけです。

ドイツはハンガリーよりもはるかに経済的に豊かで手厚い保護が与えられます。ドイツで難民申請が認められれば、ハンガリーよりもよい生活が送れる可能性がある。難民たちもハンガリーを通り抜けて、ドイツに向かいます。難民を受け入れる側の国も、それぞれの事情によって対応が違っているのですね。

フランス北部にカレーという街があります。イギリスとフランスをつなぐドーバー海峡トンネルのフランス側の街です。そこにはイギリスに渡りたいというたくさんの難民たちが難民キャンプをつくりました。今は撤去されてしまいましたが。

フランスも難民を受け入れているのに、なぜ難民たちはイギリスを目指すのか？　フランスには徹底した政教分離の原則があって、学校など公の場所では宗教的な活動が行えません。イスラム教徒の女学生がスカーフを被ることを禁じたこともありました。もちろん自宅やモスクなどでは、どんな宗教活動をしようとも自由ですが。

イスラム教徒が大半であるシリアなどからの難民は、できればフランスよりもイギリスで難民申請を行いたいと考え、カレーの海岸に集まったのです。

イギリスもドイツのように受け入れた難民に対して生活費を支給しています。イギリスは、かつて大英帝国として世界の覇権を握り、世界各地に植民地を持っていました。インドやパキスタン、バングラデシュ、ケニアやタンザニアなどの植民地から移り住んだ人たちが、イギリス本国にそれぞれのコミュニティーをつくっているのです。もちろんこれらの国からのイスラム教徒のコミュニティーも、ロンドンのあちこちにあります。

イギリスにはそれぞれの民族や宗教によって、コミュニティーができている。そこには仲間たちがいて、受け入れてくれる。さらに、生活費も支給される。イギリスはいいぞという情報が、スマートホンを介して難民たちの間に広がっていったのです。

スウェーデンも難民に対して優しい国です。高福祉国家として有名ですが、かつては貧しい農業国でした。自国からも多くの移民を送り出してきた歴史から、難民を手厚く受け入れるようになりました。

しかしシリア難民にとって英語やドイツ語なら、使える国はたくさんあるので、苦労してでも覚える価値はあります。しかし、スウェーデン語やハンガリー語などは、使える国が少ない。

将来のことを考えて、ドイツやイギリスを目指す難民が多いと考えられます。

ドイツは難民の受け入れに積極的でした。ところが、２０１６年12月、買い物客でにぎわうベルリンのクリスマス・マーケットにトラックが突っ込み、12人が死亡、50人以上が負傷するというテロが発生しました。

犯人はチュニジアからの難民申請者だったという情報が流れると、ドイツ国内では難民を受け入れたくないという声も出ました。しかし人道上、難民を排除するわけにもいかない。難民問題をどう解決していけばいいのか。ヨーロッパが抱える大問題になっています。

難民に対する日本の対応

――日本は難民に対してどんな対応を取っているのですか？

シリアからの難民が日本に来ることはほとんどないけれど、自分の国がどういう対応をしているのか、気になるよね。中東とは少し離れますが、日本がどう難民に対応してきたのか。少し歴史を振り返って見てみましょう。

長らくアジアの東の端にある日本には、ほとんど難民が来ることがありませんでした。ですから、日本政府も難民に対する対応を何も考えないでよかったのです。

ところが、１９７５年にベトナム戦争が終わってベトナムが社会主義化されると、それを嫌って、ベトナム、カンボジア、ラオスなど、インドシナから大勢の人が小舟に乗って逃げ出しました。このインドシナからの難民たちは「ボートピープル」と呼ばれました。

難民たちは貨物船やタンカーに救助され、マレーシアやシンガポール、香港などに降ろされていました。ある時、日本の神戸港に向かう船が難民を助けました。神戸港に着いて降ろそうとしたところ、「日本側には難民を受け入れる仕組みはありません。受け入れるわけにはいきません」と、上陸を拒否されたのです。

それがニュースになり、結局、アメリカが難民を引き取ることになりました。それから日本はボートピープルが来るたびに、アメリカへ送っていました。

しかし難民を受け入れようとしない日本の姿勢は、国際的な非難を浴びるようになります。そこで、１９８１年に日本も難民条約に加盟、翌年に発効しました。発効とは、難民条約に従って難民を受け入れますよ、ということです。

これに先立つ１９７９年から80年に難民のための定住促進センターが、兵庫県姫路市（p

204写真⑪）と神奈川県大和市《やまと》につくられました。

インドシナからの難民はまずここに留められて、難民として認めるかどうか判断されることになりました。２００５年末までに、日本は1万１３１９人のインドシナ難民を受け入れました。２００５年末までといったのは、より豊かな生活を求めて日本を目指す人が増え、難民条約で認定される本来の難民がほとんどいなくなったとして、受け入れを終了したからです。

現在はどうでしょう。毎年５０００人を超える人たちが日本に対して難民申請を出しています。しかし実際に受け入れた数は、２０１４年は11人。２０１５年は27人、２０１６年は28人でした。それが、日本の現状です（p２０４図表㉑）。

難民の受け入れに対して消極的な日本の姿勢は、再び世界から非難を浴びています。しかし、わざわざ遠くの日本まで船で渡ってくる人たちが、本当の難民かどうか。疑わしいところもあるんですね。

日本で難民申請をすると、審査が確定するまでの期間は日本に滞在することが認められます。申請後6か月経つと働くことも認められます。もし、難民として認められなくても、日本で稼いだお金を持って自分の国に帰って行ける。これは偽装難民ではないかという疑念も生まれます。

図表㉑—**日本における難民申請者数と認定者数**
｜出典：法務省

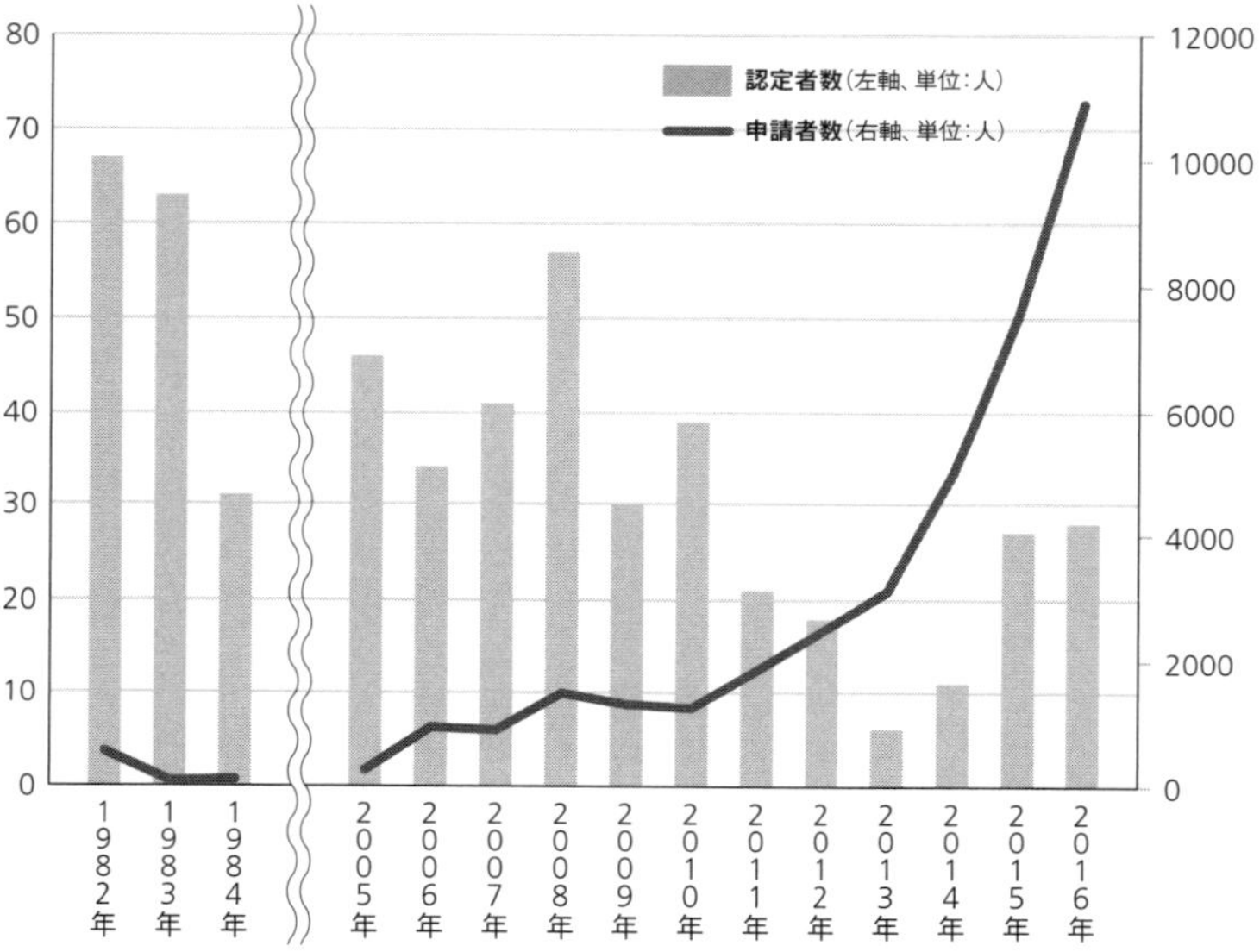

写真⑪—兵庫県姫路市につくられた定住促進センター（1988年）。急ごしらえのプレハブだった。｜写真提供：毎日新聞社

一方、今問題になっているシリア難民に対して、日本が対応できる方法として「第三国定住」という制度があります。

シリア難民は、まず近隣のヨルダンやトルコに渡ります。これらの国は、日本より経済力がずっと弱い。そういう国が大勢の難民を引き受け続けたら、その国の経済が破綻する危険性もあります。

そこで、その国でいったん難民として受け入れたあと、まったく別の国に移す。これが第三国定住です。実際に、アメリカやカナダなどは、ヨルダンやトルコから多くのシリア難民を受け入れています。

日本も第三国定住を受け入れたらいいのではないかという議論も出ています。２０１６年に、安倍総理大臣はシリアからの留学生を5年間で最大１５０人受け入れると決めました。１年間にすると30人です。少ない、と感じますよね。

Qはたして、これでいいのでしょうか。みなさんは、どう考えますか？

――なぜ留学生なんですか？　難民を受け入れるのではないのですか？

確かに、わかりにくい表現ですね。シリア難民に対して、留学生として日本の大学で学べる機会を与える、ということです。

――留学生ということは、そのまま日本に定住することはできないんですよね?

そうです。4年間は留学生として認めますということです。その先は、またその時に考えましょう、ということです。

――4年間だけなんて、無責任な感じがしますが。

でも、シリアの若者の中には、日本で勉強ができればいいと夢を持つ人もいる。そういう若者にチャンスを与えていることになると思いませんか。

また一方では、若くて頭のいい人だけ受け入れよう。日本で勉強して、やがて日本の労働力として期待できる人は受け入れます、という意味にも取れます。

――困っている人は、もっと積極的に受け入れたらいいと思います。

かつて日本が受け入れたインドシナ難民は、ほとんどが仏教徒でした。同じアジア系の民族なので顔つきも変わらない。日本の文化、生活に溶け込みやすいですね。

ところがシリアからの難民は、大半がイスラム教徒のアラブ人です。生活習慣も風貌もまったく異なります。アメリカやヨーロッパ諸国と違って、日本にはこれまでまったく異なる文化を持つ民族の難民を受け入れてきた経験がありません。ドイツのように年間100万人とまではいかなくても、多くの難民たちを日本社会が受け入れることができるのか？　難民たちは、日本の生活に溶け込んでいけるのか？

日本の対応ももちろんのことながら、私たち一人ひとりがどう難民と向き合っていくのか。まさに、その姿勢が問われているのです。

日本ができること、一人ひとりができること、それぞれ各自で考えてもらうことにして、ヨーロッパの難民問題に戻りましょうか。

シリアをはじめ、アラブ諸国からの難民が大挙してヨーロッパに入ってきた現象。私は未来の教科書にはこう書かれているのではないかという予想も含めて「アラブ民族の大移動」と呼んでいます。

4世紀後半頃、現在のドイツ北部に住んでいたゲルマン民族が、西進してきたフン族の圧力によって大移動を開始。ローマからアフリカ北部にまで南下し、さまざまな王国をつくりました。ゲルマン民族が大移動したことによって、現在のヨーロッパの基礎が築かれたのです。

今度はアラブ民族が大移動してきた。大多数がイスラム教徒です。ヨーロッパ諸国には伝統的にキリスト教の国が多い。さて、どんなことが起きるのか？　数十年後の世界史の教科書を想像してみましょう。

２０１５年から16年にかけて、ヨーロッパには大勢のアラブ人たちが逃げてきた。これを「アラブ民族の大移動」と呼ぶ。その結果、ヨーロッパはどうなったか。

Ⓐキリスト教とイスラム教のまったく違う文化が融合し、新たなヨーロッパの文明や文化が築かれた。

あるいは……、

Ⓑ21世紀のイスラム教による侵略だと受け止めたキリスト教側の猛反発が起き戦争が勃発した。

さて、Ⓐ、Ⓑどちらの結果が未来の教科書に書かれるのか？

今、世界で起きているニュースはやがて歴史になります。みなさんは、その歴史の目撃者です。みなさんはそういう激変の時代に生きているのです。ただ、目撃するだけでいいのか？ 積極的に関わることによって、歴史をつくることになるのか？ 一人ひとり考えてみてください。

真の国際貢献とは、何か

ここまで、中東のことについてお話ししてきました。日本とは民族も宗教も政治情勢もまったく違う国々です。みなさんから見ると、理解しにくいこともあったでしょう。疑問に思ったことも多いと思います。

しかし、第6章の難民問題のところで述べたように、中東の情勢がこれからの世界を大きく変えてしまう可能性も否定できません。歴史は因果関係で成り立っています。世界は一つひとつの国がバラバラに動いているのではなく、どこかで起こった小さな事件でも、まったく違う国の生活に影響を及ぼしていることがよくわかります。

最後になりましたが、もし何か質問があったら遠慮なく手を挙げてください。

――やはり、難民問題は心が痛みます。日本がどうしたらいいのか。自分はどうすべきか。今の時点では答えは出ません。それを考えるためにも、池上先生が取材された難民キャンプ

で印象に残っている出来事があったら教えてください。

わかりました。では、私が難民問題を取材してきた中で出会った、あるエピソードをお話ししましょう。

２０１６年12月に、セルビアの難民キャンプを取材した時の話です。中東からヨーロッパへ渡る経路の入り口付近に位置するセルビアには、シリアやアフガニスタンから大勢の難民たちがやって来ます。

難民が増え始めた２０１４年頃、ヨーロッパ諸国の国民は難民の受け入れに対して寛容でした。しかし難民に紛れて入国するイスラム過激派が、ヨーロッパ各地でテロを起こします。彼らの過激思想に共鳴した国内の若者（ホームグロウン）によるテロも相次いで発生。それまでたくさんの難民を受け入れてきたドイツやイギリスでさえも、難民排斥を訴える政党が支持を集め始めています。

しかしセルビアの人たちは、今でも難民たちに対して比較的優しい対応をしています。その理由は、セルビアという国の成り立ちにあります。

Q セルビアは、ある国から独立してできました。もともとセルビアはなんという国だったでしょう？

――ユーゴスラビアです。

君たちが生まれる前になくなった国なのに、よく知っていましたね。ユーゴスラビアは、セルビア人、クロアチア人など文化や宗教の違う民族がつくった六つの共和国で構成された連邦共和国でした。

現在のセルビア、クロアチア、ボスニア・ヘルツェゴヴィナ、スロベニア、マケドニア、モンテネグロ、コソボ、これらの国々はユーゴスラビアというひとつの国だったのです。

政治的には、共産主義者同盟による一党独裁でした。複雑に民族がからみ合うユーゴスラビアは、チトー（１８９２～１９８０）というカリスマ的な独裁者によって均衡が保たれていました。

ところがチトーの死後、各地から不満が噴出し始めます。１９９１年から各国はユーゴスラビアからの独立を目指して長い内戦状態に陥ります。

その内戦の際に、ボスニア・ヘルツェゴヴィナに住んでいたセルビア系の住民がセルビア本国に難民として逃げて来た。同じセルビア系の人々を助けようと、この人たちを受け入れた歴史があるのです。

シリアやアフガニスタンの難民が暮らしている難民キャンプはやけに建物が古いと思ったのですが、それはボスニア・ヘルツェゴビナからの難民を受け入れた時に建てた建物だったのです。

自分たちの仲間もかつて難民だった。今セルビアに逃げて来ている難民たちも助けてあげなくてはいけない。そういう思いがセルビアの人たちの根っこの部分にあるのかもしれません。

同じセルビア系の住民なら、問題は少ないでしょう。でも、シリアやアフガニスタンからの難民の場合、言葉も違うし、生活習慣も違う。セルビアの住民たちとの間でトラブルが起こる可能性があります。

そこでセルビアの住民に向けて、イスラム教徒のアラブ人たちの生活習慣を理解するためのパンフレットが配られていました。セルビア語で書かれているので、内容まではわからなかったのですが、そこには激化する内戦で住むところを破壊され、女性や子どもたちまで犠牲になっているシリアの悲惨な状況が写真付きで紹介されていました。

一方、難民キャンプでは、アラビア語と英語のパンフレットが配られていました。私はアラビア語を読むことはできません。英語版を1冊頂いて内容を読んでみました。ゴミの出し方といった、セルビアの日常生活や習慣をわかりやすく書いてありました。

宗教や民族はまったく違うけれど、少しでもお互いを理解することで、セルビアの住民と難民たちが平和に暮らしていけるよう努力しているのです。

このパンフレット（写真⑫）の表紙を見てください。「LET'S GET ALONG」仲よくしようと書いてあります。そしてその左下には、日本の国旗が印刷されています。

これらのパンフレットは日本からの援助でつくられたのだそうです。私もずいぶん多くの国や地域を取材してきましたが、こういう援助に接したのは初めてでした。

決して世界にアピールするような派手な援助ではありません。大きな資金を使った援助ももちろん必要ですが、人々の生活に寄り添った、縁の下の力持ち的な援助を日本が行っている。こういうかたちの国際援助もあるんだ。ああ、日本も捨てたもんじゃないな、と強く感じたのです。

写真⑫—日本の援助で作成されたパンフレット
セルビア住民と難民がお互いを理解し合う目的でつくられました。派手さはなくても、双方が平和に暮らすための大きな貢献といえます。表紙左下に、日本の国旗とともに「From the People of Japan」と記されています。

自立をサポートする、ＪＩＣＡ《ジャイカ》の取り組み

みなさん、ＪＩＣＡ（Japan International Cooperation Agency）という名前を聞いたことがあると思います。正式名称は、「独立行政法人 国際協力機構」といいます。日本の政府開発援助（ＯＤＡ）を行う実施機関として、開発途上国への援助を行っています。

２０００年にラオスを訪れた時、ＪＩＣＡの素晴らしい取り組みを知りました。これからみなさんが国際社会に出ていく時に、記憶のすみにとどめておいてほしいので、ここで紹介させてください。

ラオスの場所はわかりますか？　ベトナムとタイの間にある内陸の国です。その山岳地帯にモン族という、少数民族の集落があります。

ラオスは貧しい国です。なかでもモン族は、非常に貧しい部族です。そこに、日本のＪＩＣＡの人が援助活動に入っていきました。

最初に、モン族の人たちを集めて「何が必要か、自分たちで議論してください」と問いかけました。あれが足りない、これが欲しい、と議論が始まりました。ＪＩＣＡの人たちは何も言わないで、ただその議論をずっと見守っていたそうです。

みんなで議論を重ねていくうちに、我々の村には子どもたちの学校が必要だ、と意見がまとまりました。当然、モン族の人たちは日本が援助して学校を建ててくれるものと期待していました。

しかしＪＩＣＡの人は、何もしてくれません。黙って見ているだけです。モン族の人たちはしびれを切らして、自分たちで学校をつくろうと動き出します。簡素ではありますが、手づくりの学校ができました。そこで子どもたちの教育を始めたのです。

なぜ、ＪＩＣＡの人たちは、まったく手を出さなかったのでしょうか？　それは、これまで日本が行ってきた国際援助の中で、失敗した事例からあることを学んでいたからです。日本は、カンボジアにもたくさん学校をつくりました。カンボジアの人たちは喜びます。しかし、日本が建ててくれたものなので、壊れても日本が修繕してくれる。そう思っていたのです。

自分たちでやろうという発想がない。結果的に、壊れたまま使われない学校が残ります。そういう過去の失敗例を糧《かて》に、ＪＩＣＡは本当に役立つ国際援助を模索しているのです。

ラオスの学校は、モン族の人たちが自らの手でつくったものです。どこか壊れれば、みんなで修繕します。不思議なもので、自分たちがつくったものは自分たちで管理しよう、となるのですね。

その後、モン族の人たちは、田んぼに水を引くための灌漑《かんがい》用水をつくろうと、話し合いました。自分たちで決めて、自発的に用水路の建設を始めました。その段階になって初めて、JICAの人たちが動いたのです。あなたたちが用水路をつくるなら日本は技術援助をしましょう、と。日本の援助が入って、立派な用水ができました。用水をつくろうと考えたのも、つくったのも地元の人たち。このあと、日本は何もする必要はありません。

みなさんが勉強をする時だって、同じです。親から勉強しなさいって言われたら、反発するでしょう。でも、自分で決めた目標を達成するために、本当に必要な勉強なら言われなくても自発的にやるでしょう。

国や民族が違っても、人間の本質は同じなんだな、と思います。モン族の人たちも自分たちでつくった灌漑用水です。自分たちで管理していくことが当然だと考えるようになります。

援助頼りにさせるのではなく、自立をサポートする。そのきっかけをつくるのが日本の援助ではないか。本当の国際援助とは、こういうことなんだと思います。

教育もひとつの国際貢献

私は貧困がなくなれば、人と人、国と国の争いは減っていくのではないか、と考えています。貧困をなくし、人々の生活を豊かにしていくためには「教育」が鍵を握っていると思うのです。

パキスタンで現地の女性たちに教育を与えたいと活動している日本人女性の取り組みを紹介しましょう。インドとアフガニスタンの間に位置するパキスタンは、かなり厳格なイスラム教国家です。

イスラム教の章（第4章p123）でも触れたように、イスラム教は『コーラン』の教えに忠実であるほど、女性を大切にします。しかし大切にするやり方が、私たちが考えるものとは大きく異なっていましたよね。

大切だから、ひとりで外出させない。家の中に留めておく。教育を受ける必要もないと考える。パキスタンも、そんな保守的なイスラム教の国のひとつです。

パキスタンのある村では、ほとんどの女性がまったく読み書きができません。彼女たちは、電気料金の請求書が届いても、そこにどんな金額が書いてあるかわからない。村の中で読み書きができる人のところへ持っていって、金額を教えてもらっていました。そんな生活、想像できないでしょう。

パキスタンの女性たちに教育を受ける機会を与え、社会的な生活を営んでもらえるようにしたい。そう考えた日本人女性が、行動を起こしました。

といっても、超がつくほど保守的なイスラム教徒の村です。日本から乗り込んで、いきなり「教育をします」と言っても受け入れてもらえるはずはありません。

彼女は、村の長老のもとに何度も通って、根気よく説得したそうです。そのためには、村の文化を知り、それに沿ったかたちで礼を尽くす。

写真⑬―マララ・ユスフザイさん｜写真提供：共同通信社

タリバン政権下のパキスタンで女子教育の必要性を主張し、命を狙われます。イギリス政府に保護されたのちも、女性の権利や平和を訴える活動を続け、2014年、ノーベル平和賞を受賞しました。

異なる文化と交わるには、まずその地域の伝統や風習を理解して、自分もそこに溶け込むことが重要なんですね。

日本人なら、幼稚園の頃にもう自分の名前くらいは書けるようになっています。ところが彼女たちは、自分の名前すら書けません。女性たち一人ひとりに小さな黒板を渡して、自分の名前を書いては消す、という練習を繰り返すように指導しました。読み書きに続いて、簡単な計算も教えました。すると、彼女たちの生活が劇的に変わり始めます。

彼女のもとで、一生懸命勉強をしているパキスタンの女性に聞きました。いちばんうれしかったことは何ですか？　彼女は、「生まれて初めて自分の名前が書けた時です」と答えました。字を覚えて、自分の名前が書けた時、自分は存在しているんだという自覚と誇りが持てたというのです。電気料金の請求書の金額も理解できるようになりました。すると、娘を学校へ行かすことに懐疑的だった親たちはコロッと態度を変え大喜びします。

そういう成功体験を目のあたりにすることで、みんな学校に通うようになりました。ひとりの日本人女性が、パキスタンの女性の暮らしを変えつつあるのです。

――パキスタンは、厳格なイスラム教の国ですよね。みんな『コーラン』を読んでいるはずなのに、なぜ女性の識字率は低いのですか？

なるほど。これもいい質問ですね。『コーラン』は、書物を読むのではなく暗唱させるんですね。モスクに行くと礼拝の指導者が「私の言うとおりに復唱しなさい」とコーランを読んでいる姿を見ることができます。

しかも『コーラン』は、アラビア語でしょう。だからアラブの人たちは、コーランを暗唱することで、アラビア語を覚えることもできます。ところがパキスタンはウルドゥー語やパシュトゥー語です。アラビア語はまったくの外国語。『コーラン』を覚えても、自分の国の言葉を読み書きすることができるようにはならないんですね。

中東の貧しい国に行くと、「日本は明治維新のあと、急速に発展して先進国の仲間入りをした。アジアの先進国である日本のようになりたい」とよく言われます。でも日本が急成長できたのには、日本独自の理由があるからなのです。

江戸時代の日本には、寺子屋《てらこや》という教育の仕組みがありました。子どもたちを集めて、基本的な読み書きや計算をちゃんと教えていました。

江戸末期、寺子屋は全国に1万6000校もあったそうです。現在、日本の小学校の数は約2万校です。あまり変わらないでしょう。しかも、幕末の頃は今より人口がはるかに少ない。識字率が高いのもうなずけます。

1880年代のロンドンでは、識字率が20％程度でした。その時、江戸に限れば、識字率は60％だったというデータもあります。世界トップレベルの識字率を誇っていたわけですね。

明治政府ができて、富国強兵が唱えられました。一丸となって国づくりに専念することができたのは、日本国民が読み書きができたからだと言われています。

今、非常に深刻なのは、シリアからの難民です。ヨルダンやトルコの難民キャンプに大勢のシリア難民がいます。ところが、難民キャンプでは十分な教育が行われていません。

第1章でお話ししたように、アフガニスタンは1979年から始まったソ連の侵攻で内戦状態に陥ります。その最中に大勢の難民が隣国のパキスタンへと逃げていきました。インドと対立していたパキスタンは、背後のアフガニスタンに親インド政権ができることを恐れていました。そこでパキスタン国内に神学校をつくり、アフガニスタン難民たちにイスラム過激派思想を教え込みました。

そして過激派思想に染まった学生たちに武器を与えてアフガニスタンに戻します。ここから9・11のアメリカ同時多発テロを起こすタリバンが生まれました。

タリバンは極端な例ですが、誰がどういう思想のもと、どんな教育を行うか。日本では当たり前のように受けられる穏健で高度な教育が、世界では当たり前ではないのです。

シリア難民の子どもたちへの教育を誤ると、10年、20年、30年後、イスラム国のような過激な組織になっている可能性もあります。

しかし正しい教育が行われれば、やがてシリアを救う人たちが出てくるかもしれません。教育というのはそれだけの強い力を持っているのです。

英雄かテロリストか

最後に、これから国際社会を生き抜いていくために、ぜひ大切なことをお伝えしようと思います。

２０１６年12月に難民の現状を取材するためにセルビアの首都ベオグラードを訪れました。街の中心部を歩いている時に、ある公園に青年の銅像が立っているのを目にしました。いったい、誰の銅像なんだろうと思って名前を見たら、ガヴリロ・プリンツィプと書いてありました（写真⑭）。

写真⑭—セルビアの英雄として銅像になった、ガヴリロ・プリンツィプ｜写真提供：Picture-alliance/アフロ

知っている人は、いますか？　あぁ、やはりいませんよね。私も知りませんでした。

実はこの青年は、世界史に残る大きな事件を引き起こしたのですが、私たち日本の歴史の教科書には、名前すら記載されていないのです。

1914年6月28日、ボスニア・ヘルツェゴヴィナのサラエボで、オーストリア＝ハンガリー帝国の皇太子（皇位継承者）が暗殺されました。セルビア民族主義者の青年が放った、たった一発の銃声によって、第一次世界大戦が引き起こされたのです。

その犯人であるガヴリロ・プリンツィプ。その人の銅像だったのです。驚きました。私たちが習った世界史では、皇太子暗殺犯の青年は、いわばテロリストであり悪者です。しかし、セルビアの人たちにとっては、銅像が建てられるほどの英雄なのです。

当時のセルビアは、オーストリア＝ハンガリー帝国によって占領されていました。彼は、セルビア独立運動の一環として皇太子に銃を向けたのでした。だからセルビアの人たちはみんな知っているし、英雄として称《たた》えているのです。

私も、現地でこの銅像を目にするまでは、この青年のことも、セルビアでどう思われているかも、まったく知りませんでした。

同時に、あれっ、待てよと思いました。日本と韓国との間にも、同じような関係があるよね、と思ったのです。中国のハルビンで伊藤博文《いとうひろぶみ》を暗殺した朝鮮民族主義者の安重根《アンジュングン》は、日本から見るとテロリストです。しかし韓国から見れば、日本による韓国併合に抵抗して初代韓国統監だった伊藤博文を暗殺した英雄です。

中東では、パレスチナ解放機構（ＰＬＯ）のアラファト議長（１９２９〜２００４）が同じような存在です。敵対するイスラエルにとっては、テロリストの親玉です。逆にパレスチナの人たちにとっては、自国を侵略して奪っていったイスラエルに立ち向かい、国民のために戦ってくれた英雄です。

どちらの国から見るかによって、同じひとりの人物が、英雄になったり、テロリストになったりする。世界の歴史は、そういう視点を持って読み解かないといけない場合もある、ということを知っておいてください。

今あなたが暮らしている日本からの視点だけで見ていると、世界の出来事を十分に理解することはできません。ともすると、思わぬ誤解を生むことにもなります。

ぜひ、さまざまな視点から、物事を見る習慣を身につけてください。それは相手を理解することになり、さらには他者から見た自分を知ることにもなります。

中東の問題が世界中の問題につながっているように、世界の出来事は私たちの生活と無関係ではありません。そしてそれに気づくことなく、無関心でいることがいちばん怖いのです。

私たちにはどんな国際貢献ができるのか。何もみなさんに難民キャンプに行ってくださいとか、支援をしてくださいとか言っているわけではありません。

それぞれの人が、それぞれのやり方で、さまざまな国際貢献をすることができるのではないでしょうか。そういう柔軟さと優しさをもって、世界の人々と触れ合っていってほしいと思います。

中東・アラブ・イスラム世界の違い地図

「中東」「アラブ」「イスラム世界」は、どれもアラビア半島の同じ国々のことだと思ってはいませんか？　「中東」はインドとヨーロッパの間の地域のことで、外務省HPではこれらの国々を示しています。「アラブ」はアラビア語を話すアラビア人が多く住んでいる地域のこと。「イスラム世界」はイスラム教を国教とする、あるいはイスラム教徒の人口が多い諸国を指します。左ページと次の見開きページでは、それらの国々を詳細に示しました。

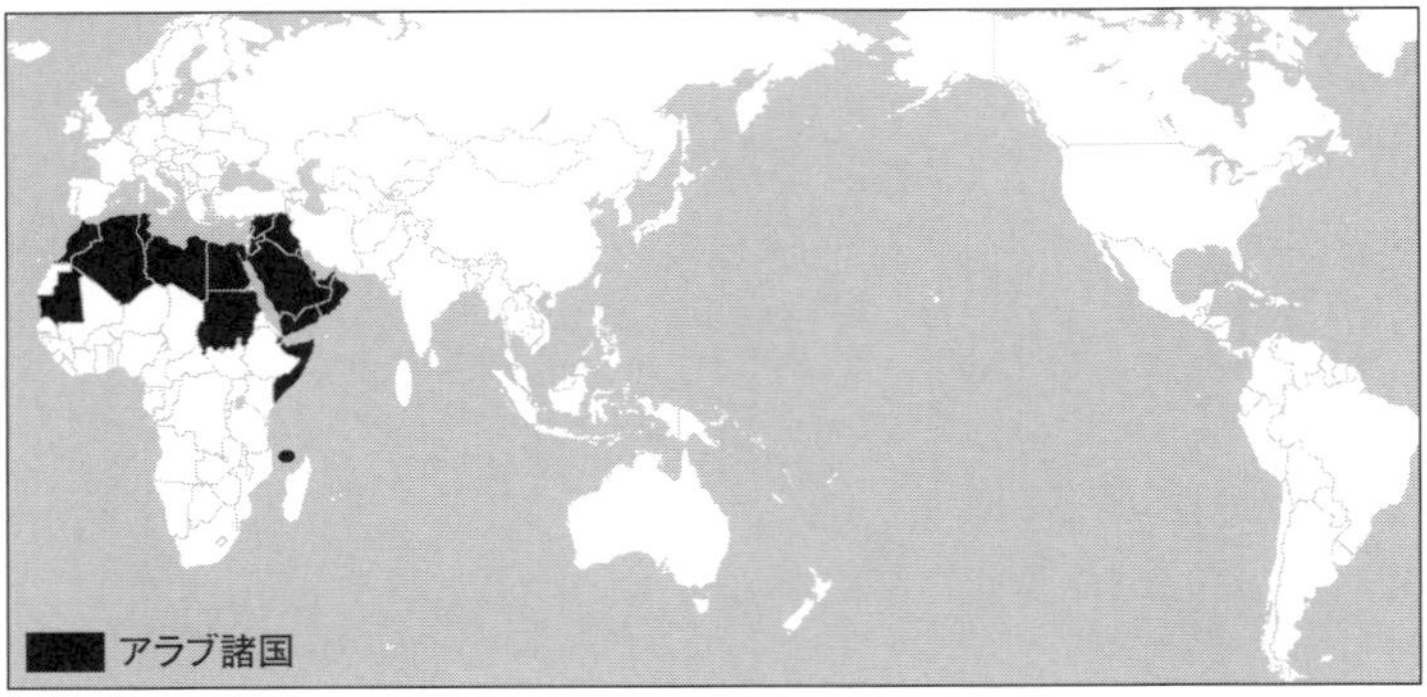

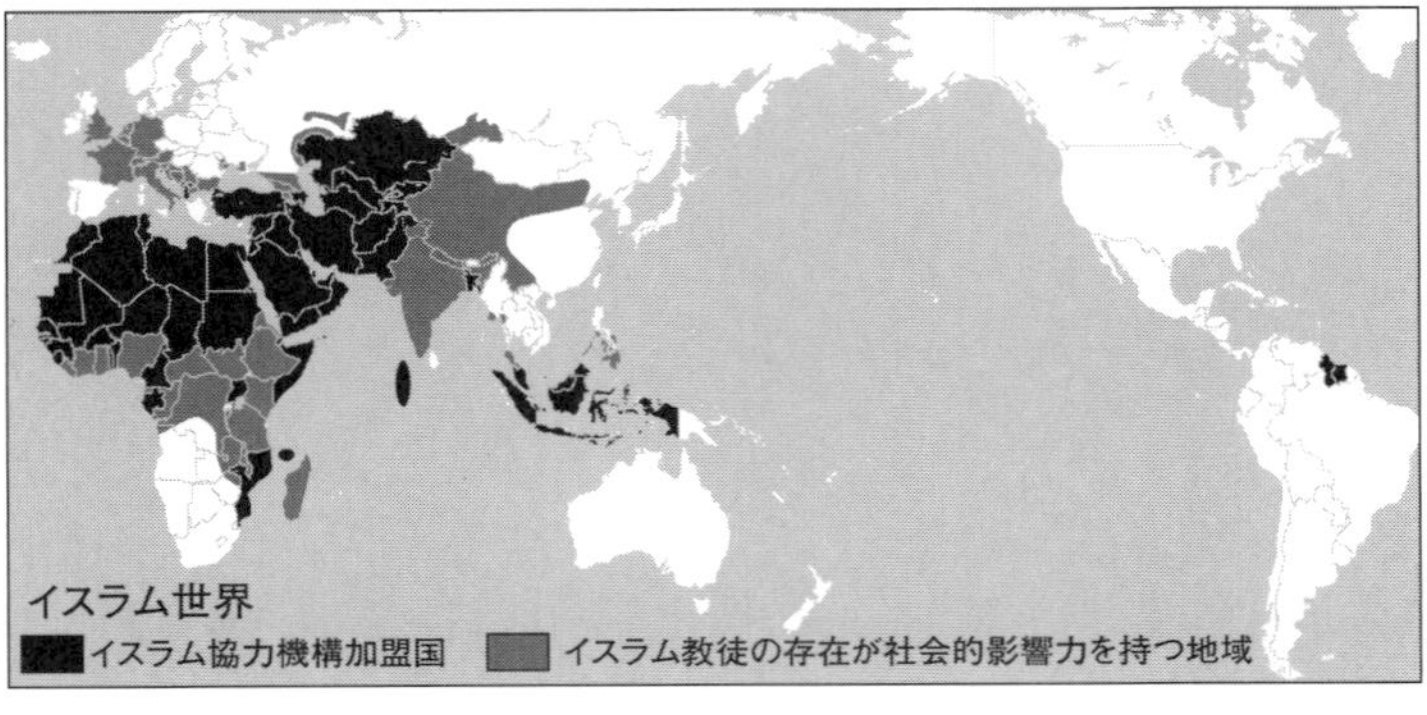

「中東」の国々

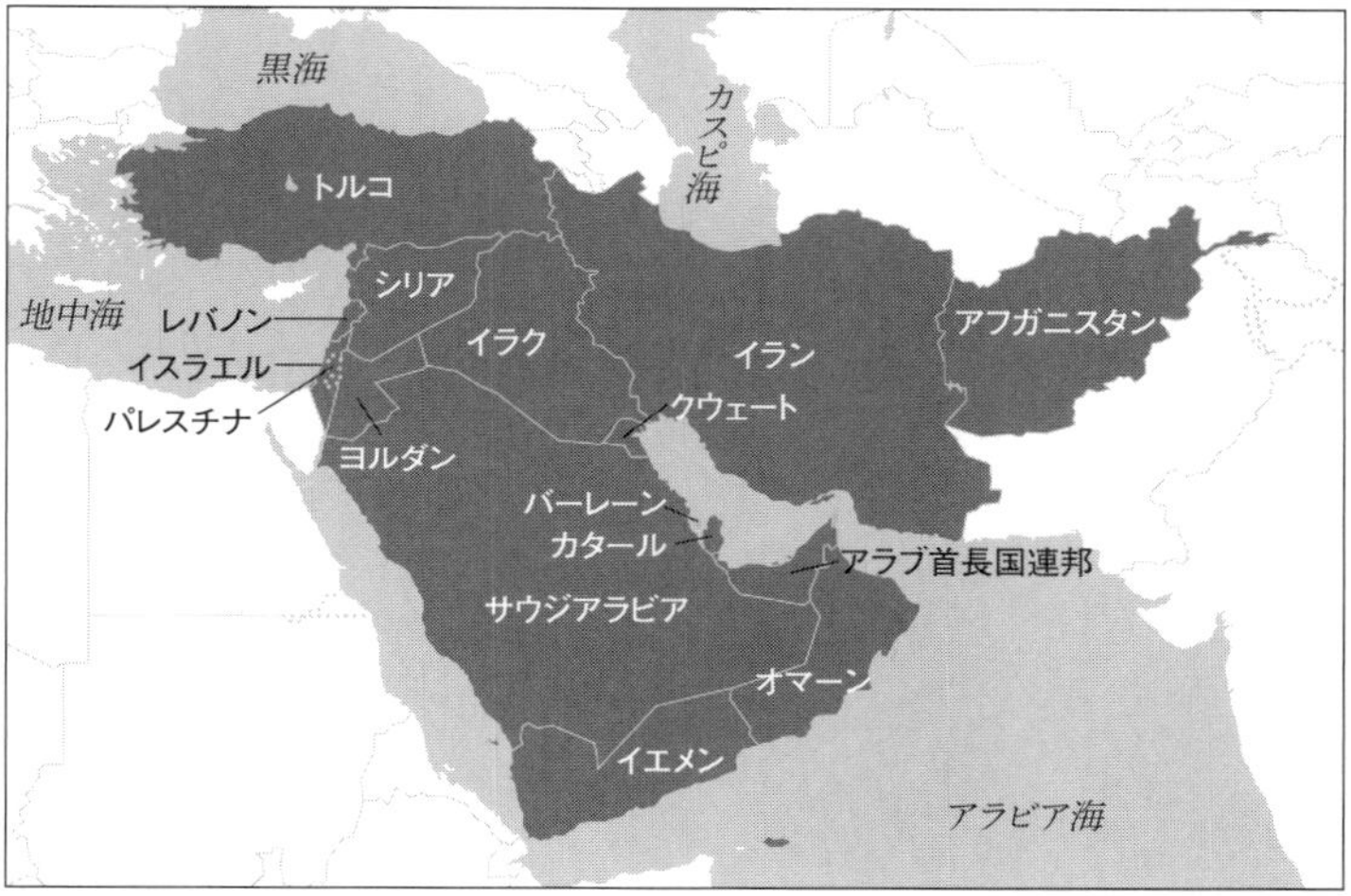

「アラブ」の国々

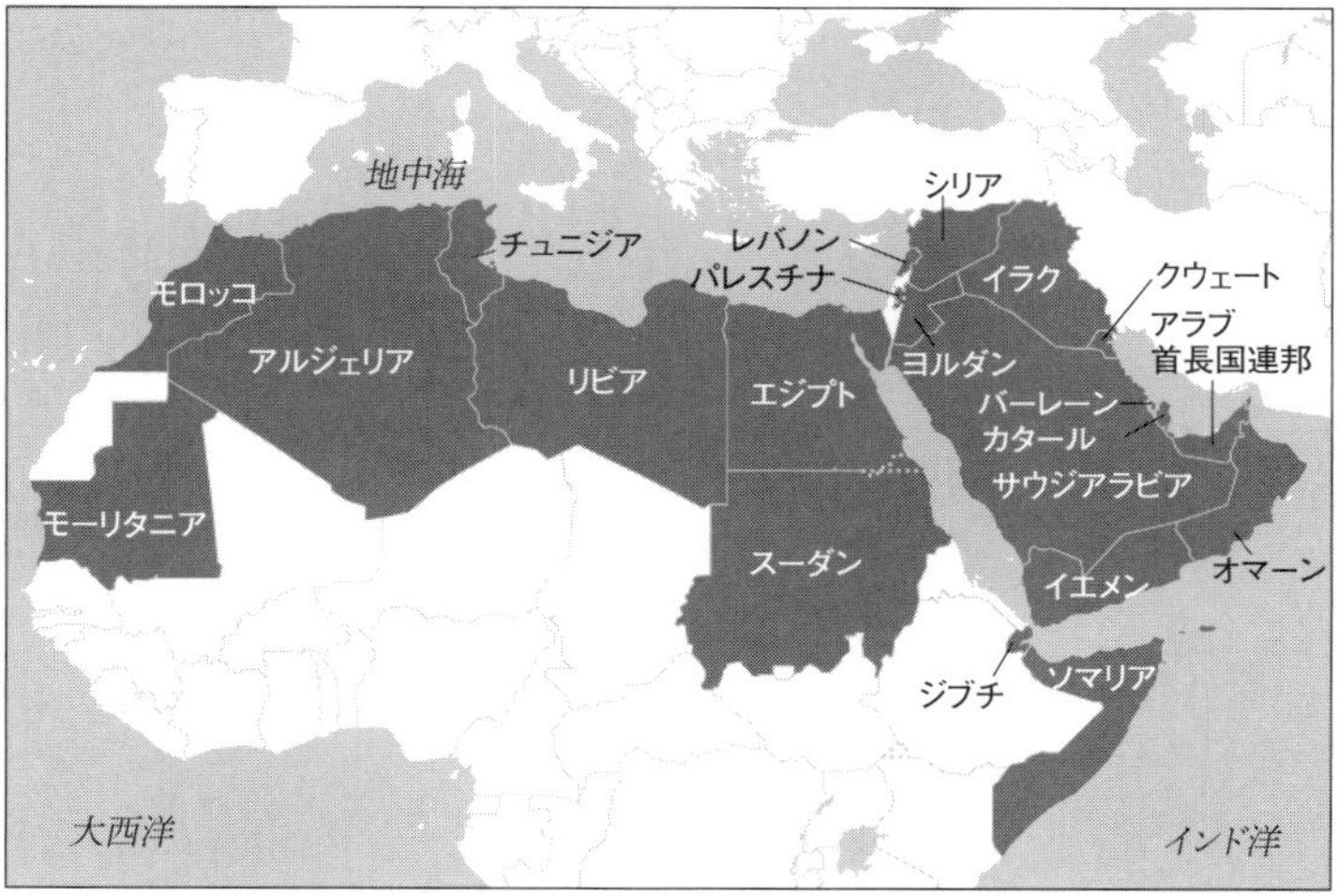

出典：外務省HPをもとに編集部で作成

ロシア
カザフスタン
モンゴル
キルギス
タジキスタン
アフガニスタン
中国
ネパール
ブータン
パキスタン
インド
ミャンマー
ラオス
バングラデシュ
タイ
ベトナム
フィリピン
カンボジア
スリランカ
ブルネイ
マレーシア
ルディブ
シンガポール
インドネシア
パプア
ニューギニア
東ティモール
イスラム協力機構加盟国（56か国およびパレスチナ）
イスラム教徒住民の存在が社会的に大きな意味を持つ地域
イスラム教徒の移動労働者などが社会的影響力を持つ地域
なお、本図に含まない南米のガイアナ、スリナムもイスラム協力機構に加盟している。

「イスラム世界」の国と地域

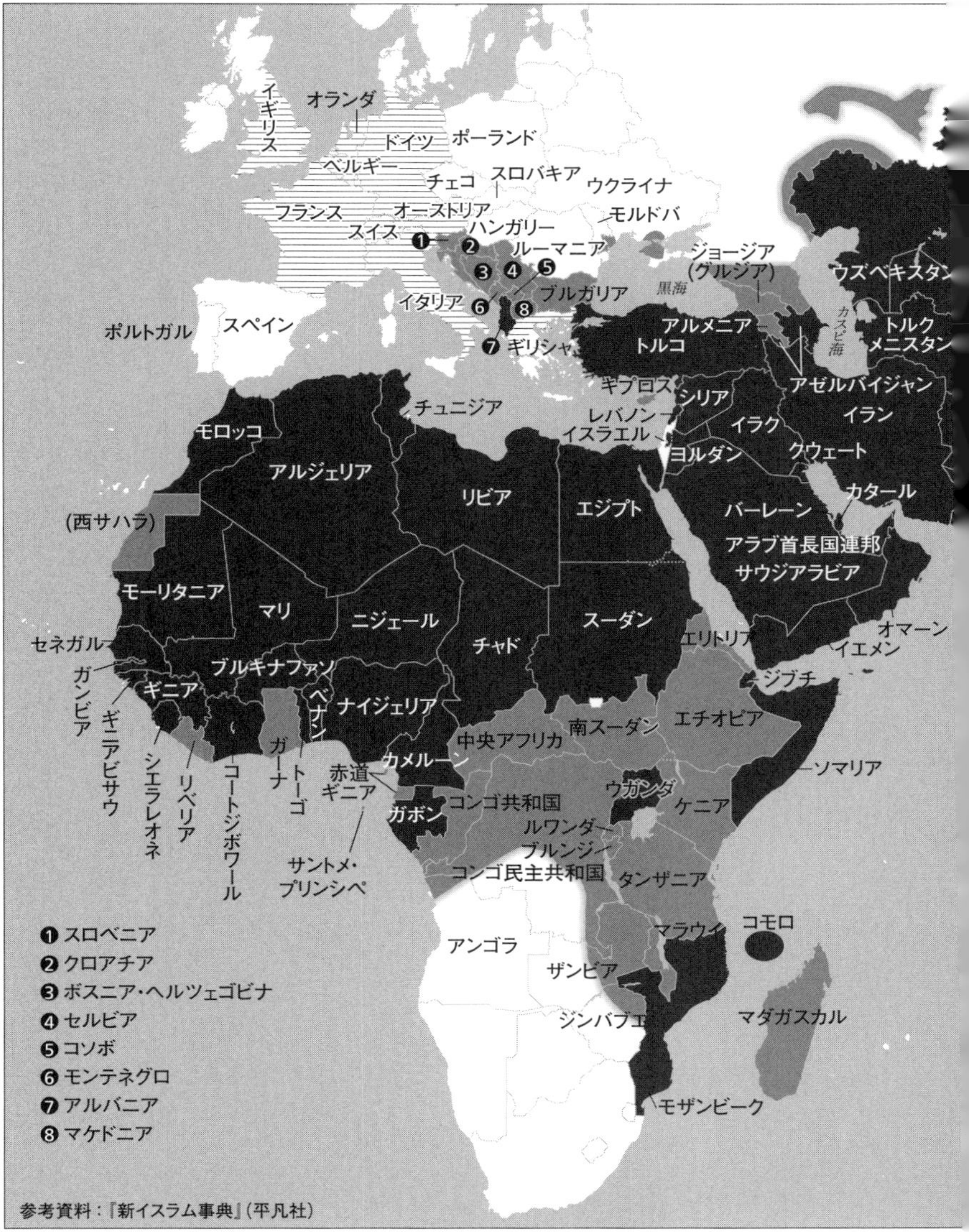

参考資料：『新イスラム事典』(平凡社)

中東略年表

（本書に関連した項目を中心に作成）

1914 オーストリア、セルビアに宣戦布告。第一次世界大戦勃発。
1915 イギリス、アラブ人がフセイン・マクマホン協定を結ぶ。
1916 イギリス、フランス、ロシア、サイクス・ピコ協定締結。
1917 イギリス、バルフォア宣言。
10月革命によりロシア帝国滅亡。ソビエト政権樹立。
1918 第一次世界大戦終結。
1932 イラク、イギリスから独立。
1935 ナチス・ドイツでユダヤ人排斥のニュルンベルク法制定。
1939 第二次世界大戦勃発。
1941 ナチス、ユダヤ人をアウシュビッツに強制移送開始。
1945 第二次世界大戦終結。
1946 パレスチナ地方へのユダヤ人の入植が進む。
イギリス統治下のエルサレムで過激派シオニストによるキング・デイヴィッド・ホテル爆破事件が起こる。
1947 パレスチナでイギリス兵ふたりが過激派シオニストに誘拐・処刑される。
国連総会でパレスチナ分割を決議。
イギリスがパレスチナから撤退開始。
1948 5月14日。イスラエル独立宣言。
イスラエルの独立宣言にアラブ諸国が反発、第一次中東戦争勃発（〜49年4月）。
1951 国連で難民条約制定。

1956 10月、第二次中東戦争（〜57年3月）。
1960 9月、石油輸出国機構（OPEC）創設。
1964 パレスチナ解放機構（PLO）設立。
1967 第三次中東戦争（6月5〜10日）。
1968 アラブ石油輸出国機構（OAPEC）設立。
1970 共産主義者同盟赤軍派による、よど号ハイジャック事件。
1972 テルアビブの空港で、赤軍派による無差別大量殺人事件。
ミュンヘンオリンピックの選手村に過激派組織「黒い九月」が侵入。人質の全員が死亡。
1973 ドイツでテロ対策の専門部隊GSG－9が創設される。
第四次中東戦争（10月6〜24日）。
第一次オイルショック。
1977 日本赤軍によるダッカ事件。
ドイツ、ルフトハンザ機ハイジャック事件。
1979 イラン革命。王政から共和政へ。最高指導者にホメイニ氏。
イラクでフセイン政権誕生。
第二次オイルショック。
12月、ソ連、アフガニスタンに侵攻。
1980 67か国がモスクワオリンピックをボイコット。
1988 オサマ・ビンラディンが「アルカイダ」を結成。
1989 ソ連、アフガニスタンから撤退。
マルタで米ソ首脳会談。東西冷戦終結宣言。

1990 8月、イラク軍がクウェートに侵攻。
サウジアラビアがアメリカに防備要請。アメリカ軍の「砂漠の盾作戦」開始。ビンラディンがこれに反発。
1991 1月17日、多国籍軍がイラクを空爆。湾岸戦争始まる。
2月28日、ブッシュ大統領が湾岸戦争の勝利宣言。
1992 ビンラディン、サウジアラビアから追放され、スーダンへ。
1993 イスラエルとPLOがノルウェーで平和交渉。「オスロ合意」。
9月13日、ホワイトハウスで「オスロ合意」調印式。
1994 「タリバン」が結成される。
1995 この頃からアフガニスタンで、タリバン政権による恐怖政治が始まる。
1996 初のパレスチナ住民選挙で、アラファトがパレスチナ自治政府議長に選出される。
ビンラディン、アフガニスタンへ。対アメリカのため、アルカイダを強化。
2001 9月11日、アメリカ同時多発テロ発生。
10月7日、アメリカ・イギリス軍がアフガニスタンを攻撃開始。
12月7日、アフガニスタンのタリバン政権崩壊。
2003 3月20日、イラク戦争始まる。
4月9日、バグダッドが陥落し、フセイン政権崩壊。
この頃、イラクで、現在の「イスラム国(IS)」につながる、イスラム過激派組織が結成され、活動を拡大していく。
2004 10月29日、ビンラディンがアメリカ同時多発テロへの関与を認めるビデオ映像をアルジャジーラが放映。
2006 5月、イラクで新政府樹立。

10月、「イラクのイスラム国(ISI)」結成。

この頃、アメリカでシェール掘削技術が進み、シェールガス・オイルの生産量が増加。

2010 チュニジアで民主化運動が起こる。これをきっかけに中東、北アフリカで民主化運動「アラブの春」が広まる。

2011 3月、シリアで民主化運動のデモ隊に対し、治安部隊が発砲。内戦へと発展。

5月2日、パキスタン北部に潜伏していたビンラディンをアメリカ軍が発見し殺害。

12月14日、オバマ大統領がイラク戦争終結宣言。

2013 4月、「イラクのイスラム国」が「イラクとシリア(レバント)のイスラム国(ISIL)」に名称変更、シリア侵攻。

2014 「イラクとシリアのイスラム国」が「イスラム国(IS)」に名称を変更。

トルコ大統領にエルドアンが就任。イスラム化を進める。

原油価格が下がり始める。

2015 1月7日、フランスの風刺新聞社「シャルリー・エブド」がイスラム過激派に襲撃される。

この頃からシリアの難民がヨーロッパに押し寄せる。

ドイツが難民の無制限受け入れを表明。

2016 11月、OPEC総会で石油の減産を決定。

12月、ドイツでチュニジア難民申請者によるテロ発生。

2017 1月、トランプがアメリカ合衆国第45代大統領に就任。

＊参考資料・文献／池上彰『そうだったのか！ 現代史パート2』(集英社)、『詳説世界史』(山川出版社)、『20世紀年表』(毎日新聞社)

おわりに

いかがでしたか。中東とイスラムの基礎を知ることによって、結局は私たち日本そして日本人的発想との違いを知ることができたのではないでしょうか。

他者を知ることで自分を知ることができます。日本とは異質な文化と宗教を知ることで、結局は私たち自身を知ることになるのです。

世界のことに無知だと、すぐに「世界は怖いところだ」と思ってしまいます。それが過激派の手口なのに。無知であることは、テロに屈しやすいということでもあるのです。

２０２０年の東京オリンピック開催に向け、今後は一段と多くの観光客が日本を訪れるようになるでしょう。

中東ばかりでなく東南アジアのイスラム圏からも多くの人たちがやってきます。そうしたお客さんたちに、心地よく過ごしてもらえるようになるためにも、私たちは世界のことを知らなければなりません。

それこそが、よりよい「おもてなし」につながるのです。

この本をつくるにあたっては、片原泰志さん、小学館の岡本八重子さんにお世話になりました。

池上　彰

本書を刊行するにあたって、
東京都立国際高校の
先生や生徒のみなさまにご協力いただきました。
厚く御礼申し上げます。

——編集部

池上 彰

いけがみ・あきら

1950年長野県生まれ。慶應義塾大学経済学部卒業後、73年にNHK入局。報道局社会部記者などを経て、94年4月から11年間にわたり、『週刊こどもニュース』のお父さん役を務め、わかりやすく丁寧な解説で人気を集める。
2005年にNHKを退職し、フリージャーナリストに。12年より東京工業大学リベラルアーツセンター教授。16年より名城大学教授、東京工業大学特命教授。主な著書に『そうだったのか！現代史』『伝える力』『「1テーマ5分」でわかる世界のニュースの基礎知識』『池上彰の学べるニュース』などがある。

構成
片原泰志

ブックデザイン
鈴木成一デザイン室

地図製作
平凡社地図出版株式会社

編集協力
西之園あゆみ

校正
小学館出版クォリティーセンター

制作
長島顕治、池田 靖、星 一枝

販売
奥村浩一

宣伝
島田由紀

編集
岡本八重子

池上彰の世界の見方
Akira Ikegami, How To See the World

中東
混迷の本当の理由

2017年8月6日 初版第1刷発行

著者
池上 彰
発行者
清水芳郎
発行所
株式会社小学館
〒101-8001 東京都千代田区一ツ橋2-3-1
編集03-3230-5120 販売03-5281-3555
印刷所
凸版印刷株式会社
製本所
株式会社 若林製本工場

ISBN978-4-09-388555-3